国家社会科学基金项目（19BGL229）

LIANGJI YANQI ZHIFUXIA
LINGSHOUSHANG DINGHUO CELUE YANJIU

两级延期支付下
零售商
订货策略研究

张　川◎著

中国财经出版传媒集团

经济科学出版社
Economic Science Press

图书在版编目（CIP）数据

两级延期支付下零售商订货策略研究/张川著 . —北京：
经济科学出版社，2019.9
ISBN 978 - 7 - 5218 - 0722 - 6

Ⅰ . ①两… Ⅱ . ①张… Ⅲ . ①零售企业 - 供应链管理 -
研究 Ⅳ . ①F713. 32

中国版本图书馆 CIP 数据核字（2019）第 149667 号

责任编辑：程辛宁
责任校对：刘　昕
责任印制：邱　天

两级延期支付下零售商订货策略研究

张　川　著

经济科学出版社出版、发行　新华书店经销
社址：北京市海淀区阜成路甲 28 号　邮编：100142
总编部电话：010 - 88191217　发行部电话：010 - 88191522
网址：www. esp. com. cn
电子邮件：esp@ esp. com. cn
天猫网店：经济科学出版社旗舰店
网址：http://jjkxcbs. tmall. com
固安华明印业有限公司印装
710 × 1000　16 开　9.75 印张　160000 字
2019 年 9 月第 1 版　2019 年 9 月第 1 次印刷
ISBN 978 - 7 - 5218 - 0722 - 6　定价：48.00 元

前　　言

随着市场经济的迅速发展，企业之间的竞争日益激烈，延期支付方式作为一种新兴的付款方式，广泛地应用在商业活动中，尤其在零售业中。供应商给予零售商延期支付策略，可以刺激需求，增加销量，扩大市场占有率。另外，零售商也会效仿供应商，向其下游消费者提供延期支付策略，吸引顾客，减小库存，树立良好的企业形象。对于零售商而言，如何有效地利用延期支付策略，并制定相应的订货策略，已逐渐成为他们关注的重点问题。尤其是面对不同市场环境时，零售商在订货过程中所需考虑的问题更多，面对的风险更大，此时，零售商如何制定基于延期支付的订货策略显得尤为突出和重要。

目前，以延期支付方式为基础，对于两级延期支付付款方式的研究多集中于两级全部延期支付或全部延期支付和部分延期支付相结合。而针对两级部分延期支付的研究较少，对两级部分延期支付下零售商订货策略的研究亦是较少。但从现实角度来看，需要对延期支付方式下针对不同影响因素的零售商订货问题进行研究。因此，针对两级延期支付方式下零售商订货策略问题进行系统、全面的研究是具有现实意义的研究课题。鉴于此，本书对基于两级延期支付的零售商订货策略进行了研究，主要完成的工作包括以下三个方面：

（1）提出了两级延期支付方式下，分别考虑顾客类型和顾客违约风险存在时零售商的订货策略问题。基于已有延期支付订货策略问题文献的研究，本书分别考虑顾客类型和顾客违约风险对订货策略的影响，提炼了更符合实际的延期支付下考虑不同影响因素的零售商订货问题，为了便于研究，本书限制了研究的影响因素，分别为顾客类型和顾客违约风险。

（2）给出了考虑信用良好和信用不良两种顾客类型影响因素存在下，基于两级延期支付的零售商订货模型。对于两种顾客类型，零售商有两种延期支付方式可以提供，即零售商在接受供应商部分延期支付策略的同时，为信用不良顾客提供部分延期支付，为信用良好顾客提供全部延期支付。在此基础上，以零售商年总利润最大为目标，构建了两级延期支付下对应的订货模型，并给出不同情况下的最优订货量和最优补货周期。

（3）给出了考虑顾客违约风险因素存在下，基于两级延期支付的零售商订货模型。对于顾客违约风险因素，考虑了顾客延期支付期限对违约风险和需求的影响，即顾客延期支付期限越长，顾客违约的风险越大，同时需求也越大。在此基础上，以零售商年总利润最大为目标，构建了零售商部分延期支付，顾客部分延期支付的订货模型，并给出了不同情况下的最优补货周期和最优下游延期支付期限。

本书针对两级延期支付方式，在考虑顾客类型和顾客违约风险的情况下，对零售商的订货策略进行研究，不仅为延期支付下企业订货时提供一定的指导，而且为相关研究的扩展和应用奠定了坚实的基础。

在本书的撰写过程中，得到了许多专家、学者的帮助与指导，使本书涉及的研究工作能够顺利开展并最终完成，这里一并表示感谢！同时，感谢我的学生樊灵伟硕士和田雨鑫硕士在本书撰写过程中提供的支持！

本书的一些内容是探索性的研究成果，由于笔者水平有限，书中的观点有许多是不成熟的，许多提法和叙述难免有不妥以及疏漏之处，恳请学术同行以及政府、企业管理界人士能够给予多方面的批评指正。

张　川

2019 年 6 月于沈阳

目 录
CONTENTS

| 第 1 章 | 绪论 / 1 |

1.1 研究背景 / 1

1.2 问题的提出 / 4

1.3 研究目的与研究意义 / 5

1.4 研究内容、研究思路、研究方法与技术路线 / 8

1.5 本书章节安排 / 11

| 第 2 章 | 相关研究文献综述 / 14 |

2.1 文献检索情况概述 / 14

2.2 关于延期支付的研究 / 20

2.3 关于订货策略的研究 / 32

2.4 已有研究成果的评述 / 38

2.5 本章小结 / 41

| 第 3 章 | 相关概念与理论基础 / 42 |

3.1 延期支付的含义、类别与特点 / 42

3.2 EOQ 模型的相关介绍 / 47

3.3 本章小结 / 51

| 第 4 章 | **两级延期支付下考虑两种顾客类型的零售**
商订货策略 / 52

4.1 符号说明、假设条件与问题描述 / 52

4.2 零售商订货模型建立 / 55

4.3 零售商最优订货策略求解 / 72

4.4 本章小结 / 78

| 第 5 章 | **两级延期支付下考虑顾客违约风险的零售**
商订货策略 / 79

5.1 问题描述、符号说明与假设条件 / 79

5.2 零售商订货模型建立 / 82

5.3 零售商最优订货策略求解 / 98

5.4 本章小结 / 114

| 第 6 章 | **应用研究：A 公司订购 X 零件的策略分析 / 116**

6.1 A 公司简介 / 116

6.2 两级延期支付下考虑两种顾客类型的 A 公司
订货策略分析 / 118

6.3 两级延期支付下考虑顾客违约风险的 A 公司
订货策略分析 / 125

6.4 本章小结 / 130

| 第 7 章 | 结论与展望 / 131 |

7.1　主要研究成果及结论 / 131

7.2　主要贡献 / 133

7.3　研究局限 / 134

7.4　研究工作展望 / 134

参考文献 / 136

| 第 1 章 |

绪　　论

　　在市场经济条件下，企业之间的竞争已经转变为供应链之间的竞争，而延期支付已成为供应链中相关企业的一种新的竞争要素。所谓延期支付，即是指卖方为买方提供一定的延期付款期限，在延期付款期限内买方不需要支付利息费。一些企业通过提供这种延期支付的方法来吸引客户，但同时也会增加违约风险。而订货策略一直是供应链相关研究中的热点问题，因此，针对不同顾客类型和违约风险两种市场环境，分析零售商在两级延期支付方式下的最优订货策略是一个具有现实意义的研究课题。本章将从研究背景、问题的提出及研究目的与研究意义等几个方面，根据相关的现实背景对所研究的问题及其研究的必要性等进行阐述。

1.1　研究背景

　　延期支付方式的出现刺激了顾客的消费需求，企业可借该种支付方式来增加销售量，扩大企业的市场占有率。不同的延期支付方式会影响企业的销量，而企业的订货量又取决于其销量，所以企业订货策略受延期支付方式影响。本章节主要从延期支付方式的兴起与发展、延期支付方式在供应链收益中的重要作用和研究两级延期支付下零售商订货策略的必要性三个方面对本书的研究背景作进一步阐述。

1.1.1 　延期支付方式的兴起与发展

所谓延期支付，是指卖方允许买方在收到货物时并不立即支付货款，而是可以在合同规定的一段期限内完成支付，相当于赊销的方式。而赊销（open account）产生于古代，是商品流通发展的产物。在封建社会中，随着商品经济的发展，"赊"逐渐成为商业习惯。在宋代，史书记载关于商贾贩卖的惯例，多是一年后付清货款。20 世纪 80 年代至今，我国市场逐步开放，供应链金融业务开始繁荣，延期支付（delay in payments）作为一种新的融资模式出现在经济市场中，面对日益激烈的市场竞争和利益驱动，一些企业通过提供延期支付策略来吸引消费者、保持客源稳定性和占领市场份额。延期支付在商业活动中广泛使用，在大量实践和研究中延期支付被认为是企业短期融资的主要来源，能够有效降低交易成本，使各方获得"共赢"[1-5]。

研究表明：当前美国企业应用最主要的短期融资方式就是延期支付。据《金融时报》的报道，截至 2015 年，90% 的世界商业贸易通过延期支付融资方式来筹集资金，融资金额达到 250 亿美元[1]。在法国以及其他国家也存在同样的现象[2]，例如，印度 TATA 集团、日本丰田公司等均是从供应商处获得延期支付后，也向他的经销商提供延期支付期限。延期支付的付款方式在我国的零售企业中也尤为常见，例如，国内排名前三的零售企业（华联超市、北京华联、联华超市）都是通过延期支付这种短期融资来缓解资金压力、提高效益。

1.1.2 　延期支付在供应链收益中的重要作用

一般情况下供应商为增加销量，扩大市场份额，加强市场影响力等，其会向零售商提供延期支付而达到从多个方面获得利益的目的，同时供应商对零售商的信用状况也会有更好的了解，可以加强对零售商的控制[3]。另外，零售商也可以效仿供应商，向下游顾客提供延期支付，树立良好的企业形象。延期支付策略可以更有效地增强供应链中各企业的合作，降低企业的经营成本，提升顾客满意度、从而达到增加整条供应链盈利水平的目标[4]。

供应链中节点企业通过延期付款这种赊销的方式，可以使中小企业的资金压力被大幅减轻，供应商也因此分担了零售商的部分风险因素，体现了供应链协调的理念[5]。对于零售企业，延期付款可以缩短产品的销售周期，提高资金的使用效率，尽管延期支付使得供应商的风险变高，成本增加，但供应商通过合理的延期支付方式，能够刺激零售商增大订货量，创造出更大的利润空间。因此延期支付是符合供应链各方利益的重要订货方式。

1.1.3　研究两级延期支付下零售商订货策略的必要性

对于销售企业来说，付款方式直接决定着企业的收益情况，销售企业要根据市场情况，制定合理的订货策略，从而使收益最大化。所以，有必要对延期支付下零售商的订货问题进行研究。

本书研究两级延期支付下零售商订货策略的必要性，主要体现在以下几个方面：

（1）现实中需要选择延期支付方式下的订货策略问题。延期支付方式与其他支付方式的不同主要在于其可以缓解企业的资金压力，提高企业的运作效率[6]。针对延期支付方式的特点，提出不同市场环境下的零售商订货策略问题是非常必要的。现有的研究成果大多是针对立即支付下零售商资金充足或资金受限向银行等外部金融机构借贷的情况考虑其面对不同市场环境下的订货问题研究，而对延期支付下零售商的订货研究相对较少，但实际中由于某些零售企业人员规模、资产规模与经营规模比较小而很难从金融机构获得足够的资金，从而影响整个供应链运作的情况很常见。实际研究表明，延期支付这种内部融资的方式在有效解决规模小的企业的资金受限问题的同时，可以促进销售，吸引客户，增加市场份额，提升供应链的竞争力[7]。故针对延期支付的优势，零售商往往会效仿其上游供应商，为其下游顾客提供延期支付，因此，针对两级延期支付方式下，对零售商订货策略问题进行研究是有必要的，同时也是对已有的延期支付方式下订货策略问题研究内容的有益补充。

（2）对于顾客类型不同和具有违约风险的市场环境，提出延期支付下零售商的订货模型和方法。虽然目前许多学者在做研究时已考虑不同市场环境的存在[8-10]。每个企业根据自身的特点考虑不同的市场环境，从而采取不同的订货策略是合理的，但由于经济市场环境复杂并且多样性，目前对于考虑不同的顾客类型和顾客违约风险对零售商订货策略影响的研究较少，因此，以经济市场中不同顾客类型和违约风险作为基础环境，开展延期支付下零售商订货策略的研究是具有代表性的，可为后续研究提供参考。

综上所述，研究两级延期支付下考虑顾客类型和顾客违约风险的零售商订货策略问题是非常必要的。该方面的研究有助于解决现实中零售商面对不同类型的顾客以及具有违约风险顾客时的订货策略问题，有助于丰富和完善零售商订货方面的研究，并且为后续深入研究奠定了基础。

1.2　问题的提出

本书根据延期支付相关文献的总结，将延期支付分为全部延期支付和部分延期支付。零售商在做出订货决策的同时，要考虑信用良好顾客与信用不良顾客对支付类型的认可，同时也要考虑顾客违约风险的存在。本书将从两级延期支付下考虑两种顾客类型同时存在和顾客具有违约风险两方面对零售商订货决策的影响进行具体研究。

1.2.1　两级延期支付下考虑两种顾客类型的零售商订货策略

通过查找文献和寻找相关资料，发现以往对供应链订货的研究，都是界定消费者（本书指顾客）是一个统一的整体，即他们对于卖家而言具有相同的特点，包括其信誉等级、购买意愿以及资金状况等方面。而通过对市场中实际卖家的观察，他们往往将顾客分为信用良好顾客和信用不良顾客[11]。商家对信用良好顾客的信誉、资金等信息都比较了解，而对信用不良顾客的信息处于模糊的状态，在这种情况下，商家提供给不同顾客的付款方式也是不同的。实际中商家为鼓励信用不良顾客提高自身信用，同时奖励信用良好顾客继续保持信用，会为信用良好顾客提供全部延期支付的付款方式，为信用不良顾客提供部分延期支付的付款方式来提高销售份额。所以，研究两级延期支付下考虑两种顾客类型同时存在的订货策略具有实际意义，该研究的结论可以为商家提供决策参考。

1.2.2 两级延期支付下考虑顾客违约风险的零售商订货策略

违约是市场经济交易中常见的一种行为，而违约风险也是企业与企业之间交易成败的一种影响因素。所以，在两级延期支付下考虑顾客违约风险的订货策略是有实际意义的。《巴塞尔新资本协议》中内部评级初级法要求商业银行自行计算违约概率，同时表明违约概率是对违约风险的量化，违约风险又称信用风险，是指客户（本书指顾客）不能偿还到期债务的风险，客户的违约会导致贷方资金的部分或全部损失[12]。通过查找相关文献与资料，本书将违约风险量化为与下游信用期相关联的违约风险概率，即零售商提供给顾客的延期支付期限越长，顾客违约的风险就越大，这是更符合现实情况的。因此，研究两级延期支付下考虑顾客违约风险的零售商订货策略是具有研究意义的。此外，寻求这种情形下的最优信用期与最优订货策略，对商家更具有指导意义。

1.3 研究目的与研究意义

本书旨在对两级延期支付下零售商的订货策略进行深入研究，以前文提出的两个研究问题为基础，下面对本书的研究目的和研究意义进行具体的阐述。

1.3.1　研究目的

鉴于延期支付方式的兴起与发展，企业及消费者不再局限于传统的付款方式，使用延期支付方式的行业越来越多，这使得延期支付下产品的订货问题具有实际的研究背景，但相关研究仍处于发展阶段，并存在一些不足之处。本书拟对两级延期支付下零售商的订货问题进行详细的研究分析，总体目标为：在实际订货过程中，分别针对不同顾客类型和顾客违约风险存在的条件下，为商家（本书指零售商）提供最优订货策略，使商家的利润最大化。具体的研究目的如下：

（1）针对信用良好和信用不良两种顾客类型同时存在的情形，顾客的类型决定着零售商为其提供的延期支付方式的不同，进而不同类型顾客影响着零售商的收益，以零售商的利润最大化为目标，建立零售商部分延期支付、信用不良顾客部分延期支付以及信用良好顾客全部延期支付的订货模型。

（2）针对顾客具有违约风险的情形，假设零售商需求是关于下游信用期（延期支付期限）的指数函数，同时顾客违约风险率也是关于下游信用期（延期支付期限）的函数，即下游信用期越长，零售商需求越大，顾客的违约风险也越大，在此情形下建立零售商部分延期支付，顾客部分延期支付的订货模型。

（3）通过求解模型确定零售商在以上两种市场环境下的最优订货量、最优订货周期以及最优下游信用期等订货策略，为零售商的订货提供一定的决策参考。

1.3.2　研究意义

对订货策略以及相关活动成本的研究，是供应链管理的重要研究内容之一，一直备受关注。订购物资占用了大量的流动资金，它减少了企业利润，甚至导致企业亏损。企业订货管理水平以及供应商与零售商的良好合作是企业在当今激烈竞争环境中增强竞争力、击败对手的关键因素。因此，对订货策略进行最优控制，使库存保持在合理水平，既能降低库存保管费用和库存损失费用，减少资金的占用量，又能提高资源的利用率，这对一个企业、一个地区乃至一个国家来讲，所带来的经济效益无疑是十分可观的。1970～1989 年的 20 年间，中国（不包括港澳台地区）在库存方面的投资（不包括港澳台地区）平均占国内生产总值（gross domestic product，GDP）的 8.25%[13]。

传统的订货模型假设零售商的资金没有限制，而且收到供应商的货物就立即支付全额货款，然而在实际的物流系统中，订货量的到达与购买资金的投入有时并非是同时发生的，供应商为了鼓励零售商的购买行为，通常会采取延期支付的策略，即供应商给零售商提供一个延期支付的期限。在延期支付期限到达之前，零售商可以通过合理利用所积累的销售收入获得额外的利息收入；当超过了延期支付期限的时候，零售商则要支付高额的费用[13]。同样地，零售商为了增加销量，也会为其顾客提供相应的延期支付方式。这样该三级供应链就形成了两级延期支付模式。

延期支付作为一种短期商业信贷的主要方式，广泛地存在于商业活动中。商业竞争是发生延期支付的主要原因。古普塔等（Gupta et al，2006）[14] 指出，除了鼓励买方（零售商）大量订购货物以外，延期支付可以盛行的其他原因包括：第一，卖方可以对买方的信用状况进行更好的了解；第二，卖方对买方控制力加强；第三，在违约的情况下，卖方处理存货的成本更低；第四，卖方可以更有效地掩盖价格歧视行为；第五，零售商企业对消费者提供分期付款，也属于一种变相的延期支付方式；第六，延期支付等短期商业信贷能有效缓解零售商扩张期的资金压力。

目前，对于延期支付订货问题的研究并不全面，其中针对两级延期支付下不同顾客类型以及违约风险的订货研究的文献较少，所以本书在前人对两级延期支付研究的基础上，结合现实情况对零售商的订货问题进行研究有着重要的理论意义和实际应用价值。下面从理论意义和实际意义分别进行阐述。

1.3.2.1　理论意义

针对两级延期支付下订货问题的研究多是两级全部延期支付或全部与部分相结合下的研究，而很少有对两级部分延期支付下的订货问题进行研究。本书对两级延期支付下零售商的订货问题给出了科学的订货方法，针对信用良好和信用不良两种顾客类型的市场环境来确定零售商在延期支付下的最优订货策略；在顾客具有违约风险的市场环境下确定最优的订货策略，对零售商订货问题的研究有重要意义。

1.3.2.2　实际意义

对于部分延期支付和全部延期支付两种延期支付方式，零售商通常不能科学的做出判断，不能确定何种订货策略会使其收益最大。同时，在存在竞争的市场上，零售商也需要根据竞争对手的付款方式来选择适当的延期支付方式使自己收益最大。所以，本书对延期支付下零售商订货的研究会为商家提供一些选择依据，针对不同市场环境下选择最优的订货策略，对零售商的决策有一定的指导意义，可以满足部分商家的需要，具有很强的实际意义。

1.4　研究内容、研究思路、研究方法与技术路线

1.4.1　研究内容

根据上文的研究目标，本书的研究内容主要包括以下两个方面：

（1）两级延期支付下考虑两种顾客类型的零售商订货模型。由于顾客类型影响着延期支付的类型，即零售商会为信用良好和信用不良顾客提供不同的付款方式，进而影响零售商的收益状况。以零售商的年总利润最大为目标，建立零售商部分延期支付，信用不良顾客部分延期支付、信用良

好顾客全部延期支付的订货模型，通过模型求解，继而可得到最优订货周期以及最优订货量，最后，给出定理以确定最优订货策略，为零售商的订货策略提供参考。

（2）两级延期支付下考虑顾客违约风险的零售商订货模型。违约风险是市场交易中需考虑的一种必要因素，由于违约风险会影响零售商的收益，通过查找相关文献与资料，假设违约风险是关于下游信用期的函数，即下游信用期越长，违约风险越大，同时由于下游信用期越长，顾客的需求也会增加，所以本书在此基础上，以零售商年总利润最大为目标，建立该条件下零售商部分延期支付、顾客部分延期支付的订货模型，通过模型求解，寻找零售商的最优订货策略。最后，给出确定最优订货策略的定理，为商家考虑存在违约风险的订货问题时提供参考和依据。

1.4.2 研究思路

本书的研究思路主要为：首先，对研究背景进行分析，从而确定和提出研究问题，并进行相关研究的文献综述以及介绍相关概念和理论。其次，分别构建两级延期支付下考虑两种顾客类型和违约风险的零售商订货模型，并对模型进行求解。最后，针对这两种模型进行应用研究。本书研究工作的基本思路如图 1.1 所示。

1.4.3 研究方法

本书的主要研究方法及具体的说明如下：

（1）文献分析法。收集国内外的相关文献，以准确把握延期支付的付款方式、顾客类型和违约风险的研究方向。

（2）归纳逻辑法。通过对已有研究的全面分析，进行逻辑归纳，总结出已有相关研究的不足之处。

（3）信息检索法。对需求相关的文献与资料进行收集检索，并将检索到的资料进行整理、分类存储。

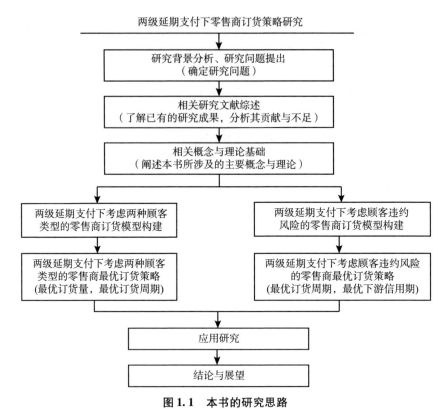

图 1.1　本书的研究思路

（4）数学建模法。将现实问题抽象为数学问题构建模型。

（5）对比分析法。根据两种市场情况下的模型求解结果，对比分析相关参数不同取值时的订货策略。

（6）数值分析法。通过对应用案例的数值对比分析得出相应的结论。

（7）非线性规划求解法。通过对模型求解得到最优解。

1.4.4　技术路线

本书拟采用图 1.2 所示的技术路线图对两级延期支付下零售商订货策略展开研究。

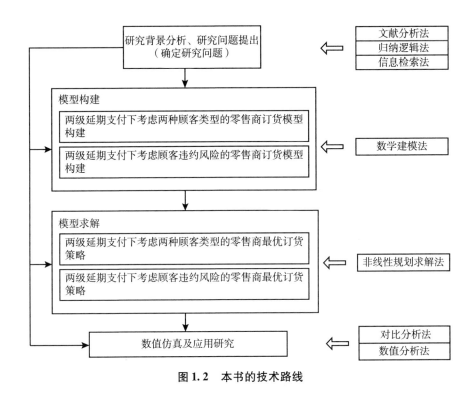

图 1.2　本书的技术路线

首先，本书使用文献分析法、归纳逻辑法、信息检索法对研究背景进行分析，以确定研究问题；其次，使用数学建模法进行模型构建；再其次，使用非线性规划求解法进行模型求解；最后，使用对比分析法和数值分析法对数值仿真结果进行分析。

1.5　本书章节安排

本书共分为七章，从理论到实践，逐渐深入地阐述研究内容。本书的结构如图 1.3 所示。

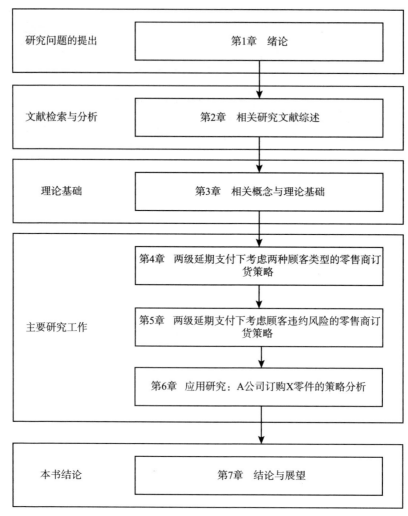

图1.3 本书的结构

下面通过文字对论文结构进行简要说明：

第1章，绪论。介绍本书的研究背景，提出研究问题，明确研究目的与意义，并依次说明研究内容、思路、方法和技术路线，确定本书的章节安排。

第2章，相关研究文献综述。首先概述相关文献的检索情况，然后分别从延期支付方式和订货策略两个方面进行文献综述，最后对已有文献研究的主要贡献和不足之处进行评述，并从中得到对本书研究所关注问题的启示。

第 3 章，相关概念与理论基础。介绍本书研究所涉及的概念和理论，包括延期支付方式的相关概念，经典 EOQ 模型的相关介绍，延期支付下 EOQ 模型的相关介绍，为下文开展研究提供理论支持。

第 4 章，两级延期支付下考虑两种顾客类型的零售商订货策略。首先对两级延期支付下考虑两种顾客类型的零售商订货问题进行描述，并构建模型，然后通过求解模型得到零售商的最优订货策略，最后，给出相应的定理来确定零售商的最优订货策略。

第 5 章，两级延期支付下考虑顾客违约风险的零售商订货策略。首先对问题进行描述说明，并构建两级延期支付下考虑顾客违约风险的零售商订货模型，然后应用非线性规划法求解模型得到零售商的最优订货策略，最后，给出相应的定理以确定零售商的最优订货策略。

第 6 章，应用研究：A 公司订购 X 零件的策略分析。针对 A 公司的背景，对两级延期支付下考虑两种顾客类型和顾客违约风险的零售商订货策略进行应用分析。

第 7 章，结论与展望。总结本书的主要研究成果及结论，表明主要贡献，指出研究局限和不足之处，对进一步需要开展的研究工作进行展望。

第 2 章

相关研究文献综述

与传统订货方式相比，延期支付方式是一种新兴的支付方式，被企业广泛应用，已逐渐成为当下主要的支付方式。不同的延期支付方式带给企业的收益是不同的，对企业订货策略的影响也是不同的，所以有必要对延期支付方式下企业的订货策略进行综述。此外，在已有文献中，结合延期支付对不同市场环境的订货策略研究仍处于初级阶段，但对于延期支付方式理论已有了深入研究，并取得了一定研究成果。本书主要从延期支付方式和订货策略两个方面进行文献综述，最后对已有研究结果进行评述。本章所涉及的相关文献均来源于国内外公开的数据库以及图书馆的期刊、著作。本章进行文献综述是为了把握订货策略的研究动态，明确延期支付方式理论，为本书的后续研究奠定基础。

2.1　文献检索情况概述

2.1.1　文献检索范围分析

为了明确本书文献的综述范围，首先对延期支付方式进行分析，并深入理解延期支付对企业订货策略及收益的联系与影响，进而确定本书研究主题的范畴及需要综述的相关文献。

研究供应链中企业的订货问题本质属于企业成本管理的相关研究，适当的订货策略能有效提高企业效益。由于延期支付方式是新兴的付款方式，以往的文献多是对全部延期支付进行相关研究，只有少数文献对部分延期支付进行了相关研究。此外，延期支付方式下考虑顾客信誉与违约风险的订货问题的研究文献较少，但关于零售商订货策略研究、考虑顾客类型的订货策略研究与考虑风险的订货策略研究的相关文献较多，所以在对订货策略进行文献综述时，从这三个方面分别进行检索与分析总结。

综上所述，本书的文献综述主要包括以下两个方面：一是关于延期支付的相关研究；二是关于订货策略的相关研究。下面对相关文献的检索情况进行详细分析。

2.1.2 相关文献情况分析

本书以延期支付/违约风险/顾客类型/订货策略/delay in payment/two level trade credit/partial trade credit/default risk/customer credit 作为主题词，以 Elsevier Science 数据库、Wiley Online Library 数据库、Springer 全文数据库、Informs 数据库、IEL（IEEE/IET Electronic Library）全文数据库和中国学术期刊网全文数据库作为检索源，进行了中英文文献检索。

截止到 2019 年 6 月 16 日，从 Elsevier Science 数据库、Wiley Online Library 数据库、Springer 全文数据库、Informs 数据库和 IEL（IEEE/IET Electronic Library）全文数据库中检索到 486 篇英文文献，从中国学术期刊网全文数据库中检索到 508 篇中文文献。由于检索到的一些文献并不符合本书的研究主题。所以，通过筛选与研究主题相关的英文文献和中文文献分别是 76 篇和 65 篇。相关文献的检索主题词、检索源及篇数如表 2.1 所示。

表 2.1   相关文献的检索情况

检索源	主题词	检索项	篇数（篇）	有效篇数（篇）	时间
CNKI	延期支付/违约风险/顾客类型/订货策略	篇名	508	65	2000 年 ~ 2019 年 6 月
Elsevier Science	delay in payment/two level trade credit/partial trade credit/default risk/customer credit	Abstract/Title/Keywords	185	32	2000 年 ~ 2019 年 6 月
Wiley Online Library	delay in payment/two level trade credit/partial trade credit/default risk/customer credit	Title/Keywords	89	5	2000 年 ~ 2019 年 6 月
Springer Link	delay in payment/two level trade credit/partial trade credit/default risk/customer credit	Title/Keywords	78	20	2000 年 ~ 2019 年 6 月
Informs	delay in payment/two level trade credit/partial trade credit/default risk/customer credit	Title/Keywords	96	12	1985 年 ~ 2019 年 6 月
IEL	delay in payment/two level trade credit/partial trade credit/default risk/customer credit	Title/Keywords	38	7	2000 年 ~ 2019 年 6 月

2.1.3 学术趋势分析

为了更清晰地了解和阐述关于两级延期支付下零售商订货问题的研究趋势，本书使用中国学术期刊网全文数据库中的 CNKI 学术趋势搜索分析功能，以"延期支付""订货策略""违约风险"为检索词，进行学术趋势分析。主要包括学术关注度和用户关注度两个方面，下面将从这两个方面对"延期支付""订货策略""违约风险"进行具体分析。

"延期支付"的学术关注度趋势如图 2.1 所示，用户关注度趋势如图 2.2 所示。

学术关注度（延期支付）

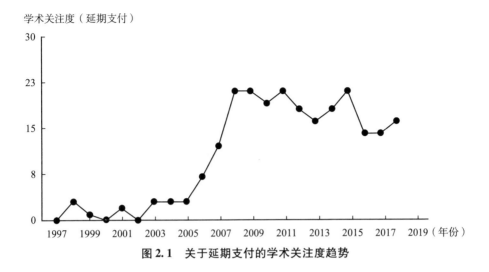

图 2.1　关于延期支付的学术关注度趋势

用户关注度（延期支付）

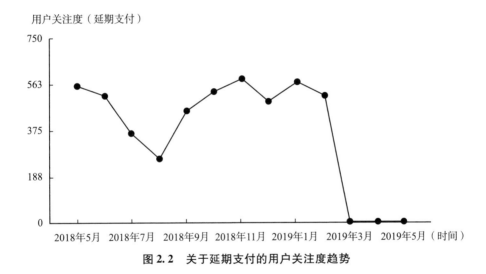

图 2.2　关于延期支付的用户关注度趋势

　　由图 2.1 和图 2.2 可知，对延期支付研究的学术关注度从 1997 年起呈上升趋势，2008 年达到最高点，对延期支付研究的学术关注度虽然有明显的波动趋势，但近几年一直都保持较高水平；延期支付的用户关注度从 2018 年起也一直保持在一个较高的高度，直到 2019 年初，关于延期支付的用户关注度才开始逐渐回落。

"订货策略"的学术关注度趋势如图2.3所示,用户关注度趋势如图2.4所示。

学术关注度(订货策略)

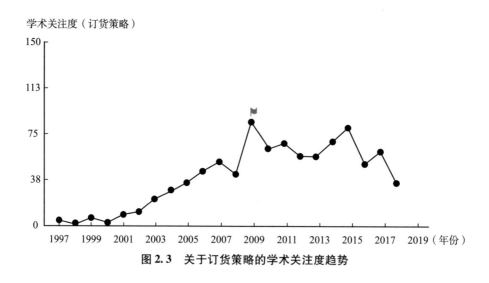

图 2.3 关于订货策略的学术关注度趋势

用户关注度(订货策略)

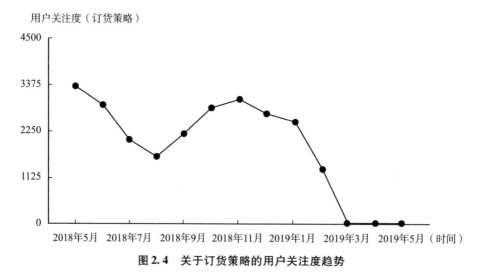

图 2.4 关于订货策略的用户关注度趋势

由图2.3和图2.4可知,订货策略研究的学术关注度从1997年到2009年逐年上升,在2009年达到最高点,近几年学术关注度虽有所波动但仍处于较高水平；订货策略研究的用户关注度 2018 年 5 月至 2019 年 1 月呈较高水平，高达 3375 的用户关注度水平，2019 年 3 月到 2019 年 5 月才有所下降。

"违约风险"的学术关注度趋势如图 2.5 所示，用户关注度趋势如图 2.6 所示。

学术关注度（违约风险）

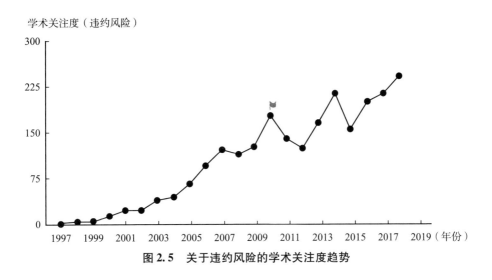

图 2.5 关于违约风险的学术关注度趋势

用户关注度（违约风险）

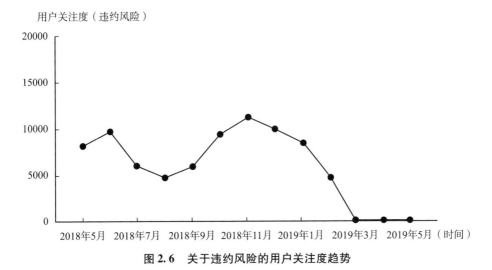

图 2.6 关于违约风险的用户关注度趋势

由图 2.5 和图 2.6 可知，违约风险研究的学术关注度从 1997 年到 2019 年呈现出逐年上升趋势，并在 2018 年达到最高点；违约风险研究的用户关注度虽有所波动，但仍处于较高水平。

综上所述，关于"延期支付""订货策略""违约风险"研究的学术关注度和用户关注度均处于较高水平，说明该领域的相关研究引起学者们的广泛关注，对两级延期支付下零售商订货策略进行研究具有重要研究价值和研究意义。

2.2　关于延期支付的研究

本节对延期支付的相关研究成果进行综述，主要从延期支付级数和不同考虑因素延期支付这两个方面进行综述。

2.2.1　延期支付级数研究

研究延期支付的文献不计其数，从本书写作的角度出发，首先按照延期支付的级数进行综述，将目前的研究分为单级延期支付和两级延期支付两类。

2.2.1.1　单级延期支付研究

单级延期支付是指供应商向零售商提供延期支付（或零售商向顾客提供延期支付）的情形[3]。

戈亚尔（Goyal，1985）首先开拓了基于延期支付的零售商订货策略这一新的领域，给出了延期支付方式下零售商的经济订货批量（economic order quantity，EOQ）模型的求解方法[15]。在戈亚尔之后，国内外很多学者结合现实情况，从不同的研究视角出发，对这一模型进行了改进与拓展。

贾马尔等（Jamal et al，1997）在戈亚尔模型的基础上考虑了零售商允许缺货的情形，由此建立了在延期支付下允许缺货，并且缺货可以被瞬时补充的库存模型，通过求解该模型，进一步得到并探讨了零售商的最优策略[16]。

陈和欧阳（Chen and Ouyang, 2006）延伸了贾马尔等的模型，将模糊库存模型引入延期支付中，将易逝品的库存持有成本、利息支出和收入进行模糊化处理，证明了零售商补货周期的可变成本函数是严格的假凸函数[17]。

唐加姆和乌萨亚库马尔（Thangam and Uthayakumar, 2010）研究了在部分延期支付下易变质产品的经济订货批量问题，得出了该情形下的最优订货批量和最优定价策略[18]。

欧阳等（Ouyang et al, 2012）在部分延期支付的基础上，考虑了含有次品率的情形，建立了该情形下的 EOQ 模型，研究表明次品率的升高会导致最优订货批量减少，同时最优订货批量也将随着延期支付比例的减小而减少[19]。

王等（Wang et al, 2015）针对资金约束两级供应链的订货问题，构建了在部分延期支付和资金约束条件下，以供应商为主导的斯塔克尔伯格（Stackelberg）博弈模型，得到了在该条件限制下的最优策略[20]。

维克拉姆等（Vikram et al, 2016）针对非瞬时损失产品的订货问题，建立了具有多元需求的部分延期支付条件下的库存模型，并通过敏感性分析表明了约束条件变化时对利润的影响特征。指出了现今市场的情况是鼓励零售商等经销商采用延期支付的策略[21]。

曹等（Tsao et al, 2017）运用建模的方法研究了延期支付下可持续的报童模型，该模型的目标是通过确定最优订货量、最优信用期和回收率以使利润总额最大化。研究结果表明：回收价格、订购数量和总利润随着碳税和碳价格的增高而越低[22]。

国内学者也对单级延期支付领域研究做出了很多贡献，朱文贵等（2007）研究了在延迟支付下的零售商存货质押融资服务定价问题，建立了供应商为零售商提供延期支付，同时第三方物流公司为零售商提供存货质押服务条件下的定价模型，得到了最优定价方法[23]。

夏海洋和黄培清（2008）研究了在允许延期支付条件下考虑营销投入水平的变质商品库存模型，该模型以实现年净利润最大化为目标，并通过数值分析得出了信用期的变化以及变质率对企业最优订货策略和利润的影响[24]。

孙悦和周永务（2010）针对延期付款和现金折扣策略下的最优库存问

题，采取了仿真建模的方法，构建了以零售商库存费用最小化为目标的模型，得到了零售商的最优订货策略。研究结果表明：延期支付和折扣策略对不同变质条件的需求函数影响是不同的且呈现出相应的规律[25]。

李明芳等（2011）针对延期支付下易逝品的订货问题，研究了基于现金折扣和延期支付下变质产品的补货策略。通过建立零售商的决策模型，并对模型求解，得到了零售商的最优订货策略[26]。

曾敏刚和余高辉（2012）针对延期支付下的供应链协调问题，研究了不确定性需求的单周期两级供应链的协调问题。通过构建模型并求解，得到了延期支付策略在一定条件下可以提高整个供应链的收益，实现企业互惠双赢的结论[27]。

秦娟娟（2016）针对时变需求下零售商的订货问题，构建了基于延期支付的供应链中的零售商订货模型，得到了最优解，并给出相关命题和算法以确定最优策略[28]。

周曦娇和刘诚（2018）探讨了当商品需求是关于价格富有弹性的且商品易变质时，供应商向零售商提供延期支付的供应链博弈模型，确定最优的双方销售价格、供应商的延期支付、零售商的订货量。研究发现：商品退化率提高会使供应商和零售商利润减小，一定情况下，延期支付会使双方利润提高[29]。

基于延期支付理论，张鑫和高淑春（2017）考虑了易腐产品的特性，构建了基于延期支付的易腐产品的库存模型。通过两个延期支付期限付款方式来构建模型，如果零售商的还款期限在两个期限之外的则不再享受现金折扣和零利息率，要按照约定的利息进行偿还款项，通过改变延期支付方式，建立联合库存模型，并用算例进行分析[30]。

刚号等（2019）研究了延期支付下供应链的运作机制及协调性问题。研究表明，在分散决策的情况下，存在唯一的纳什均衡，尽管零售商在订货上表现得更加积极，但仍然低于集中决策下的最优成交量；零售商满足无资金约束所需最小资金量会增加；在协调方面通过引入回购合同，在某种程度上缓解了零售商的资金约束，同时使得供应链达到协调[31]。

在碳税规制背景下，张洁等（2019）构建了基于现金支付策略和基于部分延期支付策略的供应链网络均衡模型，在此基础上通过算例分析碳税税率变化对网络均衡的影响规律，并进一步分析相对于现金支付策略，部分延期支付策略对供应链网络均衡状态下企业利润的影响规律[32]。

赵连霞等（2019）分别构建基于延期支付和延期交货的变质性产品库存决策模型，通过对两个库存模型进行分析，给出了最优策略。最后利用数值算例分析了相关参数扰动对最优策略的影响，并提出了针对批发商合理制定运营策略的建议[33]。

2.2.1.2 两级延期支付研究

两级延期支付是指，在供应商给予零售商延期支付的同时零售商也给予其下游顾客延期支付的策略[3]。对于两级延期支付的研究包括两级全部延期支付、两级部分延期支付和全部与部分相结合的两级延期支付。

黄（Huang，2003）的研究，将单级延期支付扩展到两级延期支付（two-level trade credit），其假设 $M > N$，在此基础上建立了基于两阶段延期支付的 EOQ 模型，得到了在此情形下的最优订货决策[34]。

黄和许（Huang and Hsu，2008）针对零售商在两级延期支付下的订货问题，假设零售商具有主导决策权，构建了以零售商成本最小化为目标，并从供应商处获得全部延期支付，而提供给其顾客部分延期支付的订货模型，最终确定了零售商的最优订货策略，并得到一些管理启示[35]。

吴等（Wu et al，2014）针对两级延期支付下易逝品的订货问题，构建了零售商的订货模型，证明了零售商的最优下游信用期和最优补货批量不仅存在而且是唯一的，并得到了相应的管理见解[36]。

尼塔（Nita，2015）针对两级延期支付下易变质产品的订货问题，进一步构建了在上游制造商为零售商提供全部延期支付但零售商为下游顾客提供部分延期支付下，考虑需求是关于价格的函数、同时也是关于下游顾客延期支付期限的递增函数的库存模型，得到最优补货策略[37]。

阿尔贾撒等（Aljazzar et al，2016）针对由供应商、制造商和零售商组成的三级供应链，研究了在两级全部延期支付条件下供应链的协调问题，结果表明延期支付可以有助于制造商管理其资金流[38]。

吴等（Wu et al, 2016）针对具有最大生命周期的易逝品的库存问题，通过折现现金流法，构建了上游全部延期支付，下游部分延期支付的库存模型，得到了零售商的最优补货周期不仅存在且唯一的结论。最后给出了相关的管理启示[39]。

国外学者从不同角度对两级延期支付方式下的供应链利润分配情况进行了研究。随着对研究结果的不断改进，学者们的研究越来越贴近企业的实际运作情况，为企业提供了更多、更准确、更可靠的经营策略[40]。同样地，国内也有一些学者在两级延期支付条件下进行了相关研究。

基于两级信用支付，张晓建等（2009）研究了供应商和零售商采取合作策略的 EPQ 模型，并通过分析不同情况下的收益函数，提出了使供应商和零售商总收益最大化的最优销售价格和最优信用期长度的帕累托最优解的求解算法[41]。

闵杰等（2011）针对两级全部延期支付下供应链订货的问题，构建了时变需求下基于两阶段信用支付策略的供应链库存模型，并给出了求解整体模型最优解的简单方法[42]。

在供应商、采购商及其顾客组成的三级供应链结构中，从采购商的角度出发，秦娟娟（2012）分析在二阶延期支付策略下，坏账影响下采购商的最优订货策略。最后，通过数值分析对有关结论进行了验证，文章的分析研究不仅具有一定的理论意义，而且可以更好地指导采购商的订货决策[43]。

李佐平和杨爱峰（2012）研究了在双层延期支付及价格折扣条件下零售商的库存策略。假设零售商在供应链中占据决策的主导地位，即零售商从供应商处得到延期支付及相应的现金折扣，而零售商仅为其顾客提供延期支付。建立了以零售商利润最大化为目标的 EOQ 模型，对模型分析求解，得到零售商的最优订货周期[44]。

贾涛等（2013）针对易腐品的订货问题展开研究，构建了顾客部分延期付款，零售商全部延期付款下易腐品的订货模型，并得到使零售商成本最小的最优订货周期[45]。

郭金森等（2014）考虑由单一供应商和零售商组成的供应链系统，当供应商为零售商提供回购契约，同时零售商又为下游顾客提供商业信用契约时，供应商如何设计回购契约来有效协调整个供应链，以及零售商又如何借助回购和商业信用契约来做出自身最优订货策略问题，并建立了相应的决策模型[46]。

杜文意等（2014）针对部分延期支付下易逝品的订货问题，构建了两级部分延期支付的易逝品 EOQ 模型，得到了零售商的最优订货策略，最后通过数值仿真表明了变质率对零售商最优订货策略的影响[47]。

王敬云和马中华（2015）针对两级全部延期支付下供应链的决策问题，构建了消费者需求受上下游延期支付期限影响的供应商和零售商的决策模型，分别得到了供应商和零售商的最优决策[48]。

赵忠等（2016）同样针对两级全部延期支付下易腐品的订货问题，考虑了在变质率为常数的情形下，构建了时变需求下基于两级信用支付的易腐品订货模型，得到了最优解存在并且唯一的结论[49]。

朱俊培等（2017）考虑了两级延期支付（制造商为零售商提供延期支付、零售商为消费者提供延期支付）下的多周期动态供应链网络均衡，运用变分不等式及互补理论给出制造商层、零售商层和需求市场层的最优决策行为，进而得到整个供应链网络达到均衡时的条件[50]。

从现实情况和零售商的利益出发，在零售商允许顾客延期支付的期限不大于零售商从供应商处获得的延期支付期限的假设条件下，基于经济生产量（economic production quantity，EPQ）模型，孙承志和田甜（2017）建立了缺货和顾客部分延期支付并存时零售商的补货模型。根据对不同情况下变量限制条件的化简，较快捷地导出相应的条件判定变量，最终给出零售商最优补货策略的确定方法[51]。

2.2.2 不同考虑因素延期支付研究

自从戈亚尔（Goyal）在 1985 年提出延期支付条件下的 EOQ 模型后，近四十年来，学者们不仅在延期支付级数上进行扩展研究，也通过考虑不同因素对延期支付研究进行了很多改进和扩充使其更趋完善，这些考虑因素主要有缺货、价格折扣、变质情况、需求率变化和通货膨胀。通过这些改进提出了许多新的 EOQ 模型，并获得了相应的理论研究成果。

2.2.2.1 考虑缺货的延期支付

零售商为了快速满足市场需求，常常会选择增加订货量和库存持有量，然而这会使得库存成本增加，同时考虑到长期持有货物，货物可能会变质、过期造成损失，因此许多零售商选择不持有库存策略（即零售商的库存为零），当零售商有需求的时候会向上游企业订货以满足需求，而该策略反应慢且容易导致缺货[52]。

瓦尔德（Ward，1987）首次对有缺货情况的库存模型进行了相应的研究[53]。雅吉和阿加沃尔（Jaggi and Aggarwal，1994）建立了变质品在允许缺货的条件下的相关模型，并对建立的模型进行分析从而获得了最优的补货政策[54]。贾马尔等（Jamal et al，1997）建立了一个模型用以确定延期支付条件下考虑缺货的变的最优订货策略[55]。

萨卡尔等（Sarker et al，2000）建立了变质品在允许缺货、延期支付及通货膨胀条件下的最优订货量的决策模型，并求解该模型分析得出相应的结论[56]。

张等（Chang et al，2002）将不同的恶化率、货币的时间价值和延期支付条件相结合进行分析讨论，提出了延期支付和货币具有时间价值条件下变质品的有限时间库存模型[57]。

萨拉马等（Salameh et al，2003）研究了允许延期支付下的连续库存模型，即零售商在收到订单货物后既可以选择立即支付货款，也可以选择延期支付到下一个订单，通过该模型的分析求解可以得出最优订货量和再订货水平以使供应商在延期支付条件下的利润最大[58]。

阿巴德和雅吉（Abad and Jaggi，2003）提出了允许缺货、需求价格敏感条件下的联合定价库存模型，通过分析求解得到了最优价格和最优信用期限[59]。

魏等（Wee et al，2005）提出了在通货膨胀条件下，允许部分缺货且变质服从威布尔分布的两货栈库存模型。通过分析求解得到了最优的补货政策并最小化单位时间总成本，研究表明整个系统的总成本受到恶化率、通货膨胀率和延迟交货率的影响[60]。

戴和欧阳（Dye and Ouyang，2005）提出了变质品在销售量受存货影响及部分拖后受时间影响条件下的 EOQ 模型[61]。

在延期支付条件下，潘义前等（2011）建立了缺货量部分拖后的变质物品库存模型，证明了最优解的存在性与唯一性，并给出确定最优订购策略的算法步骤，最后用数值例子验证了模型与算法的有效性[62]。

胡劲松和胡玉梅（2011）在具有价格弹性需求的两层供应链系统中，考虑到价格弹性指数的模糊性和供应链延期支付策略，建立了含缺货的制造商 - 零售商协调模型。研究表明：模糊环境下的延期支付策略降低了产品的市场零售价，同时增加了供应链中各成员的利润，因此实现了供应链协调[63]。

王庆龙（2013）考虑了由一个制造商和一个零售商的分权供应链的协调问题。在零售商可以延期交货的情况下，把期权契约作为激励机制来促使零售商参与到协调模型中去。研究表明：信用期权契约在允许延期交货的情况下能够实现供应链的协调[64]。

2.2.2.2 考虑价格折扣的延期支付

协调订货周期和支付策略主要通过价格折扣和延期支付两种方法来完成，一般情况下，供应商给零售商提供的延期支付期限与价格的折扣成反比。阿尔塞卢斯和斯里尼瓦桑（Arcelus and Srinivasan，1990）将影响销售的价格折扣和延期支付两个因素进行了细致的分析对比，得出了他们之间的对应关系，也就是价格折扣和延期支付都有促进销量的作用[65]。

希恩等（Shinn et al，1996）提出了在延期支付和运费折扣条件下价格和批量的联合决策模型，对模型进行分析求解后得出了成本最小化情况下的最优售价和最优订货量[66]。

黄和钟（Huang and Chung，2003）改进了戈亚尔（Goyal）的模型，建立了现金折扣和信用支付条件下的最优补货和支付策略的 EOQ 模型[67]。

欧阳等（Ouyang et al，2006）提出了变质品在延期支付条件下允许部分缺货的最优订货策略的模型，但是没有考虑价格优惠和延期支付两种方式同时存在的情形[68]。

萨纳和乔杜里（Sana and Chaudhuri, 2008）在变化需求（即，需求随时间、价格等因素变化）的条件下，综合考虑价格优惠和延期支付建立了相应的 EOQ 模型[69]。

通过耦合两种在实践中广泛使用的贸易信贷机制，即允许延期支付和价格折扣，阿尔贾撒等（Aljazzar et al, 2016）研究了三级供应链（供应商—制造商—零售商）之间的协调问题，其中延迟期的长度和供应链提供的折扣率是决策变量[38]。

在延期支付条件下考虑价格折扣的库存模型基础上，杨桢和罗兵（2008）进一步考虑通货膨胀对库存系统的影响，对原有模型进行了修正和补充，建立了货到付款和延期支付两种支付方式下的库存模型，由模型的最优解来确定零售商最优的支付时间[70]。

在资金具有时值、供应商给零售商提供定期信用支付和价格折扣的支付策略条件下，周优军等（2010）讨论了需求跟价格相关、变质率为常数的易变质物品库存问题，建立了优化补货周期和销售策略的库存模型，目的是极大化平均总利润[71]。

罗兵等（2010）在进一步考虑"数量界限"的价格折扣问题的基础上，建立了一个延期支付下部分价格折扣的变质物品经济订购批量模型，分析了两种情况下订货商的最优订货策略，并用算例进行了说明[72]。

钟远光等（2011）针对一个供应商和零售商组成的供应链系统，主要研究零售商如何设计提前订货折扣来吸引顾客提前订货。在供应商—斯塔克尔伯格（Stackelberg）框架下，以期望利润为目标，建立了相应的决策模型。通过对模型的分析求解，给出了不同市场环境下供应商要求零售商支付提前订货资金的策略[73]。

刘梦璋和山敏（2013）将提前购买价格折扣与延期支付结合起来考虑，并在价格折扣的研究中加入资金的价值，弥补现有研究的不足，为零售商进行订货策略决策提供参考[74]。

在延期支付及价格折扣策略下，王宜举和孟凡秀（2014）建立以供货商为主导的主从斯坦伯格模型，从供货商的角度研究基于价格折扣的有条件延期支付策略设置问题。结果表明，此策略在激励零售商加大订单量的同时，还能吸引其尽早交付货款，从而加快供货商的资金周转，实现双赢[75]。

李颖（2015）考虑含有部分残次品的三级供应链模型。在该模型中，供应商和零售商均采用延期支付策略，供应商为先支付一部分货款的零售商提供一个价格折扣。基于极大化零售商的利润建立了零售商的库存模型，同时给出了寻求最优补货决策和最佳货款支付方式的算法，并通过数值算例来说明模型的有效性[76]。

2.2.2.3 考虑变质情况下的延期支付

一般情况下，学者进行库存理论的研究时都将商品的变质率看作成一个固定不变的常数。有些学者为了方便研究甚至不考虑产品的变质率，但是实际上，很多产品会因为不同环境因素的影响而形成不同程度的变质，并且产品的变质量与库存时间成正比关系，通常库存的时间越长则变质量和变质率会增加。沙阿（Shah，1993）研究了变质率是指数变化和延期支付条件下的概率时间调度模型[77]。

张和吴（Chang and Wu，2003）研究了当变质品在延期支付条件下时，零售商如何决策最佳还款时间的模型，并给出了一个求解的算法计算最优还款时间[78]。

宋和蔡（Song and Cai，2006）建立了延期支付条件下零售商最佳库存水平时最优还款时间模型，同时对模型进行了分析和求解[79]。

索尼（Soni，2013）建立了一个基于延期支付和需求率受价格和库存水平的变质品 EOQ 模型，通过数值实例说明了理论研究成果并进行了灵敏度分析。研究表明：零售商希望刺激需求的动力多于期末零库存，故保持更高的库存水平对企业更有利[80]。

米什拉等（Mishra et al，2016）研究了一个变质品的 EOQ 模型，该模型具有以下特点：变质品服从时间比例的变质率；允许短缺并完全积压；考虑允许延迟付款的条件；需求是确定性的，与库存有关[81]。

圣达拉扬和乌萨亚库马尔（Sundararajan and Uthayakumar，2018）建立了一个 EOQ 模型，研究了通货膨胀条件下瞬时变质物品的最优补货策略。假设需求是销售价格的一个线性函数且在延期支付情况下随时间负指数递减。通过以零售商的利润最大化为目标，确定最优销售价格、最优订货量和最优补货时间[82]。

2.2.2.4 考虑需求率变化的延期支付

通常情况下，供应商给零售商提供延期支付和价格优惠时，都会对零售商的订货量产生一定影响，订货量会有所增加但也不会因为提供的优惠政策而盲目增加，零售商一般都会根据历史经验进行合理订货。然而市场是千变万化的，零售商想要获得更多的利润就必须快速精准把握市场和抓住客户需求。黄和希恩（Hwang and Shinn，1997）考虑需求函数受价格影响，建立了同时决策零售价格和订购量的模型[83]。

张等（Chang et al，2001）在允许延期支付的条件下，研究了变质品的需求是线性变化的模型[84]。

希恩和黄（Shinn and Hwang，2003）在延期支付期限与订单大小相关且需求是不确定的条件下，建立了最优订货和定价策略模型[85]。

在现实生活中，大多数 EOQ 模型都假设无限补货率。萨卡尔（Sarkar，2012）建立了一个渐进式支付方式下有限补货率且周期内产生缺陷产品的 EOQ 模型，通过模型分析求解得出了最优的周期时间使年总相关成本最小化[86]。

戈霍里希等（Ghoreishi et al，2015）针对通货膨胀，延期支付和客户回报影响，建立了销售价格和通货膨胀影响需求的非瞬时变质品 EOQ 模型。通过分析求解得到了最优销售价格、无库存短缺的最佳时间段及最佳补货周期[87]。

拉詹和乌萨亚库马尔（Rajan and Uthayakumar，2017）在假设需求率是时间的连续函数并允许延期支付的情况下建立了 EOQ 模型，得到了零售商的最优补货政策以最大化供应链的总利润[88]。

易卜拉希米等（Ebrahimi et al，2019）研究了包含供应商和零售商在内两级供应链中的促销努力和补货决策的协调问题，其中该供应链中的零售商的随机需求受到其促销努力影响。结果表明：与分散情况相比，所提出的协调方案显著提高了供应链成员和整个供应链的盈利能力[89]。

假设供应商提供三种部分延期支付策略，杨爱峰和张羽（2011）建立了基于部分延期支付和变化需求率的 EOQ 模型，通过对利息收入、利息支出等关键指标的计算，分别求出零售商在不同部分延期支付策略下需求率随库存水平以及时间变化的最优订货周期，从而得出最大平均利润[90]。

针对单一制造商和单一零售商组成的供应链，何伟和徐福缘（2014）研究了需求受货架和仓库库存水平共同影响的企业间延期支付协调问题。研究结果表明该延期支付模型不仅能提高制造商的利润，而且能提高零售商的利润[91]。

梁培培和孙延明（2015）考虑市场需求是库存水平幂函数的形式，在确定的延期支付期限下给出了零售商的最优订购策略，研究了延期支付期限未知且与零售商的订购量相关的情形，通过对独立决策与联合运作的分析验证了协调的必要性[92]。

考虑到市场需求不仅受零售商库存量的影响，而且常依赖于零售商的延期支付策略，崔玲等（2016）研究了易腐商品需求同时依赖于库存量与延期支付期限的两级延期支付库存策略问题。刻画了零售商平均利润最大化模型，分析了零售商利润函数的函数性质，并给出了最优性条件[93]。

为了零售商确定其在一个有限的时间范围内的最优补货数量和补给计划，黄敏和魏晔纯（2017）提出了一个经济订货批量模型。零售商的需求率是与时间有关的，当零售商的订货量超过给定的预先规定的数量的时候，供应商对零售商提供交易信用[94]。

2.2.2.5 通货膨胀的延期支付

从投资方面来说，库存会积压资金，即库存是与资金投资相关的行为，延期支付模型主要考虑的是资金的利息收入和利息支出对成本的影响，而通货膨胀率会影响资金的价值进而影响利息收支，故在延期支付模型中考虑通货膨胀是有意义的。

萨卡尔等（Sarker et al，2000）假设信息完备且供应链中的各个成员共同承担通货膨胀带来的影响，在假设前提下提出了通货膨胀和延期支付条件下变质品的供应链模型，并分析求解得出相应的理论性结论[95]。

廖等（Liao et al，2000）在需求率不确定且随产品变质率和通货膨胀率变化的条件下，建立了变质品的延期支付库存模型[96]。

张（Chang，2004）在通货膨胀率会影响产品的批发价格、零售价格和订货成本的条件下，建立了供应商提供信用支付时的变质品 EOQ 模型[97]。

文晓巍和达庆利（2005）研究了通货膨胀下允许延期支付的变质率和需求率均为非常数的商品库存模型，分析了满足上述条件的 4 种不同情形下的变质商品总库存成本函数，提出了变质商品的最优库存补充决策[98]。

采用控制理论和系统优化的方法，王丽娟等（2008）研究了易腐农产品供应链在通货膨胀和延期支付条件下的库存控制问题，根据生鲜易腐农产品的特点，建立了市场需求确定的库存控制模型，提出了易腐农产品库存最优订货量和最小库存成本的算法，设计出了通货膨胀和延期支付条件下易腐农产品库存最优订货策略[99]。

在延期支付条件下考虑价格折扣的库存模型基础上，杨桢和罗兵（2008）进一步考虑通货膨胀对库存系统的影响，对原有模型进行了修正和补充，建立了货到付款和延期支付两种支付方式下的库存模型[70]。

王丽娟和侯云先（2012）主要研究生鲜农产品在通货膨胀和延期支付下库存控制模型，在模型中设定市场需求呈韦布尔分布，生鲜农产品腐烂率为常数，建立了在最小库存成本下最优订货量方程，并对其进行了详细求解[100]。

2.3　关于订货策略的研究

本节对订货策略的相关研究进行文献综述，主要包括零售商订货策略的研究、考虑顾客类型的订货策略研究和考虑违约风险的订货策略研究三方面。

2.3.1　零售商订货策略的研究

以往对订货策略进行研究的文献较多，本节主要从零售商的角度对有关订货策略文献进行综述。

陈旭（2004）针对随机需求下的订货问题，研究了面向随机需求的可替代易变质产品的订货策略，以零售商期望利润最大化为目标，通过构建了零售商的订货模型并求解，得到了零售商的订货量随产品的替代系数边际利润增大而增大的结论[101]。

黄（Huang，2005）针对零售商的订货问题，研究了在供应商提供部分延期支付情形下的零售商最优订货策略问题，以零售商的成本最小化为目标构建了 EOQ 模型，最终得到了零售商的最优订货量[102]。黄（Huang，2006）进一步延伸了黄（Huang，2005）[102]的研究，在其基础上考虑了零售商的存储空间限制，对两级延期支付下不含衍生产品的有限存储空间条件下的库存模型进行了研究，给出了可以有效确定零售商的最优补货周期的三个定理[103]。

钟和亨（Chung and Hung，2007）针对易腐品的订货问题，在黄（Huang，2006）[103]的基础上考虑易腐品的损失因素，构建了易变质产品的两货栈模型，同样给出了三个定理来确定零售商的最优补货周期[104]。

陈六新和李军（2008）针对零售商面对需求信息更新的易变质产品的订货问题，研究了在需求信息更新，同时批发价格变动下零售商的订货策略，运用贝叶斯理论建立了数学模型，得到了零售商二次订货的调整策略[105]。

雅吉和维尔马（Jaggi and Verma，2010）针对供应商、零售商均部分延期支付下的订货策略问题，构建了零售商的成本函数模型，得到了部分延期支付更有利于零售商订购更多数量产品的结论[106]。

王道平和李明芳（2010）针对延期支付下零售商的补货问题，在零售商全部延期支付，顾客部分延期支付的基础上，构建了零售商的决策模型，给出了零售商最优补货周期的简单判定方法[107]。

库马尔等（Kumar et al，2011）针对部分延期支付下零售商的库存问题，构建了上游全部延期支付，下游部分延期支付的易逝品库存的数学模型，以成本最小化为目的确定了零售商的最优库存策略，并通过数值仿真确定了相关参数对最优策略的影响[108]。

周永圣等（2012）针对供应商免费送货条件下零售商的订货问题，采用数值分析方法对从量免费送货和从价免费送货两种形式对零售商的订货策略进行研究，研究表明是否提供免费送货条件以及提供哪种免费送货条件会对零售商的订货选择造成影响[109]。

延等（Yen et al，2013）针对顾客提前支付货款的情形下零售商最优订货策略问题，构建了零售商的库存模型，得出了零售商的最优订货量、最优补货周期和年总相关成本[110]。

茂等（Mo et al，2014）针对需求依赖库存的易腐品的订货问题，构建了易腐物品的多物品库存模型，利用拉格朗日方法讨论了最优订货周期的存在性和唯一性，并提出了线性搜索算法以求解模型最优解[111]。

朱传波等（2014）针对供应风险规避下基于VaR的零售商订货问题，构建了具有风险规避特性的零售商决策模型，得到了风险规避程度越高，订货量越大的结论[112]。

沙阿（Shah，2015）研究了当供应商提供基于订货量的延期支付策略或者现金折扣时，零售商对于易变质商品的订货策略问题，通过建立并求解零售商的利润函数，得到了零售商的最优订货量和最优下游延期支付期限[113]。

蒂瓦里等（Tiwari et al，2016）针对非瞬时损失产品的订货问题，研究了允许在通货膨胀和延期支付条件下非瞬时变质产品的两货栈模型，得到了使零售商利润最大化的最优补货策略，并对相关库存系统参数进行了灵敏度分析，提供了重要的管理见解[114]。

沙阿（Shah，2017）针对具有最大生命周期的易腐产品的订购问题，构建了订购数量关联延期支付类型的零售商订货模型，给出了为决策者选择最佳策略的算法，并表明零售商为获得更大利润，应在允许的延期支付期限前将产品出售殆尽[115]。

杜文意（2015）针对资金约束供应链中零售商的订货问题，考虑了努力因素，构建了供应链运营决策的基本模型和扩展模型，得到了努力水平和初始资金对资金约束零售商的订货决策的影响特征[116]。

刘冠美等（2016）针对零售商如何决策顾客预付款和初始订货量的问题，对横向库存转运策略下顾客预付款与订货决策进行了分析研究，研究表明，顾客预付款为外生变量和内生变量时，零售商会选择不同的初始订货量[117]。

陈群和韩景倜（2017）针对零售商面对鲁棒与机会约束的订货策略问题，构建了资金约束零售商受随机订货成本扰动情形下的多产品鲁棒订货模型与机会约束订货模型。得到了零售商在该情形下的最优解，为企业在资金约束与随机订货成本扰动两重约束下的最优策略制定提供了依据[118]。

赵连霞等（2019）分别构建基于延期支付和延期交货的变质性产品库存决策模型，通过对两个库存模型进行分析，给出了最优策略。两个决策模型的最优策略对比结果发现：在其他参数给定的前提下，当产品的售价与进价比偏低时，批发商适合采取延期支付策略；反之，采取延期交货策略[119]。

2.3.2　考虑顾客类型的订货策略研究

黄和伊拉瓦尼（Huang and Iravani，2008）针对不同类型顾客和批量订货的库存问题，研究了不同类型顾客的订单对多需求类库存系统的影响，结果表明，批量订货可以减少制造商的总成本，客户订单的大小对最优库存配给的收益也有很大的影响[120]。

滕（Teng，2009）首次将顾客的信誉因素考虑到延期支付的 EOQ 模型中，提出为信誉良好的顾客提供全部延期支付，为信誉不良的顾客提供部分延期支付，得到了零售商的最优订货策略[121]。然而，在他的研究中却将顾客群体视为一个同为信誉不良的顾客整体。

雅吉等（Jaggi et al，2012）进一步完善了滕（Teng，2009）[121]的研究，在两级全部延期支付的基础上，将顾客群体视为信誉良好顾客与信誉不良顾客同时存在的整体，并给出老顾客在顾客群体中所占的比例[11]。

洛尼迪斯（Loannidis，2011）针对具有两种顾客的生产系统的库存和订单接纳问题，研究了生产单物品的马尔可夫单级系统，以满足两个不同类别客户的需求，提出了一个简单的阈值型启发式策略，并通过数值结果表明，所提出的策略是一个很好的近似最优的策略，并优于其他常用的策略[122]。洛尼迪斯和萨兰蒂斯（Loannidis and Sarantis，2013）在洛尼迪斯（Loannidis，2011）[122]的基础上，考虑了时间设置的因素，进一步研究具有两种类型顾客和时间设置的制造系统库存与订单控制模型，同样得到了一个逼近最优策略的简单启发式策略[123]。

毛炯炜（2009）针对具有两种类型顾客的易逝品订货问题，分别构建了供应商给定的一个订货周期内、允许缺货和延期支付三种情形的数学模型，并得到了三种情形下的最优订货量和订货周期[124]。

周筠（2010）针对多供应商及多类顾客需求下的订货问题，将顾客分为缺货不补和缺货回补两种类型，构建了库存模型，研究表明，在面对这两种顾客且不考虑固定订货成本的情况下，最优订货策略不完全符合常规的基准库存策略[125]。

但斌和丁松（2012）针对不同顾客类别的生鲜产品二次补货的问题，将顾客划分为三种类型，并引入了挤兑因子的概念，研究了在顾客类型不同的情况下需求挤兑效应对零售商的决策和利润的影响，结论表明，当顾客群体中新鲜度偏好型顾客的规模较大时，二次补货策略优于传统的单次订货策略[126]。

姚云飞等（2013）针对两层信用支付下顾客细分的库存问题，构建了零售商根据顾客的年需求量不同给予不同信用期的库存模型，证明了最优订货周期的存在性[127]。

申成霖等（2015）针对需求学习下供应链的决策问题，考虑了顾客策略行为对供应链决策的影响，将顾客分为短视型和策略型两种，构建了分散式供应链系统的博弈模型。研究表明，当面对策略型顾客时，需求学习更有利于零售商和供应链系统的利润提高[128]。

2.3.3　考虑风险的订货策略研究

违约风险是指合同或协议的一方无法履行其在交易中的责任时给另一方带来的风险。

巴比奇等（Babich et al，2007）针对供应商具有违约风险时供应链的竞争问题，建立了零售商处于领导地位的斯坦伯格博弈模型，研究表明，随着供应商数量的增加，更有利于零售商选择合适的订购数量[129]。

史（Shi，2008）针对两阶段供应链中确定违约风险阈值的问题，提出了一种通过求解供应商与买方相互作用的双层规划模型来得到供应商可接受的精确违约风险阈值的方法，即通过建立一个由最优信用期和违约风险阈值两个位置变量组成的方程组，来确定精确违约风险[130]。

周勇等（2008）针对违约风险概率的计算问题，运用四种方法对信用违约风险模型中违约概率进行了统计推断研究，其所构建的简约模型为考虑多因素复杂违约模型奠定了基础[131]。

史和张（Shi and Zhang，2010）针对具有违约风险的零售商决策问题，通过建立以成本最小化为目标的双层规划模型，得到了激励相容的信用期限，研究表明违约风险可以作为筛选零售商的标准[132]。

娄和王（Lou and Wang，2013）针对延期支付同时影响需求率和违约风险时的订货问题，从销售者的角度建立了经济订货批量模型，得到了最优交易信用期限和订货量[133]。

张等（Zhang et al，2014）针对违约风险存在下的供应链协调问题，研究了两级供应链的订货模型，研究表明，在延期支付条件下，风险厌恶型制造商交付的产品数量会低于零售商的订购数量[134]。

张等（Zhang et al，2015）针对资金约束和违约风险的订货与定价问题，构建了斯塔克尔伯格（Stackelberg）模型，研究结果表明，违约风险对零售商的决策和利润有显著影响，并且延期支付契约可以部分协调供应链[135]。

马哈塔和德（Mahata and De，2015）针对具有违约风险顾客的订货问题，考虑了零售商为具有违约风险顾客提供部分延期支付策略，构建了零售商的库存模型，得到其最优订购策略[136]。

吉里和沙玛（Giri and Sharma，2016）针对两级延期支付下零售商的订货决策问题，考虑了顾客违约风险对零售商延期支付策略的影响，构建了线性增加需求和允许缺货的订货模型，提出了确定最优解的简单算法[137]。

吴等（Wu et al，2017）针对单级延期支付下供应链决策的问题，分别给出了违约风险和需求关于延期支付期限的指数函数，建立了以供应商为主导的斯塔克尔伯格（Stackelberg）博弈模型，得到了零售商和供应商的最优决策[138]。

黄晶和杨文胜（2016）针对资金约束供应链决策问题，讨论了不同资金水平下的零售商订货决策，构建了基于 CVaR 和供应商承诺回购的供应链决策模型，研究表明，合理的供应链契约机制可以缓解供应链的资金约束[139]。

王明征等（2017）针对零售商存在违约风险的供应链协调问题，研究了收益共享契约和贸易信贷契约下多个零售商竞争的集中和分散化供应链决策模型，研究表明，多个竞争的零售商之间存在唯一的纳什均衡解，并且均衡订购量会随着违约风险的提高而增加[140]。

马中华和苏雪玲（2018）针对延期支付和提前支付同时存在下的供应链协调问题，研究了贸易信用下考虑零售商违约风险的供应链协调问题，分别建立了零售商和供应商的收益模型，得到了零售商的最优订货量和供应商的最优交付量[141]。

2.4　已有研究成果的评述

通过对两级延期支付下零售商订货策略问题的相关研究文献进行整理和分析，可发现，关于延期支付方式和订货策略问题已经引起了许多学者的关注，在研究订货问题时，考虑违约风险和顾客类型已经在以往文献中得到了认可。以此为基础，对已有研究的主要贡献、不足之处和对本书研究关注问题的启示进行分析总结如下。

2.4.1　主要贡献

通过对于已有的关于延期支付方式和订货策略的相关研究文献的总结归纳，其主要贡献表现为以下几个方面：

指出了延期支付方式研究的重要意义。已有的针对延期支付方式的研究大多是从收益管理角度，指出延期支付是企业收益、供应链资金流管理的重要方式[9]。同时，目前对于两级延期支付的研究更集中于对全部延期支付或部分延期支付与全部延期支付相结合的研究，对两级部分延期支付的研究相对较少。这表明了本书研究具有一定的价值和重要性，为本书研究的开展奠定了基础。

给出了考虑顾客类型和违约风险的订货思路。已有文献在理论基础上给出了具有顾客类型和违约风险的供应链订货思路。例如，滕（Teng，2009）[121]提出以顾客类型为导向的订货研究，认为零售商在提供延期支付决策时，会受顾客的不同类型影响。吴等（Wu et al，2017）[138]给出了以顾客违约风险为导向的订货方法的思路。

为延期支付下零售商订货策略问题的研究提供了理论和方法支持。延期支付方式下的订货需依赖已有文献的订货方法。例如，黄（Huang，2003）[34]在延期支付下对订货策略问题研究的方法和模型对延期支付下订货问题的研究有很大的参考价值。王道平和李明芳（2010）[107]在零售商全部延期支付，顾客部分延期支付的基础上，构建的零售商决策模型和得出了零售商最优补货周期的简单判定方法为零售商订货问题提供了一定的理论支持。

2.4.2 不足之处

虽然已有文献对延期支付方式和订货策略问题提供了指导，但对于两级延期支付下考虑顾客类型和违约风险的订货问题的研究并不多，仍存在一些有待完善的研究，存在的具体问题如下：

针对延期支付付款方式，对单级延期支付的研究比较多，但对两级延期支付尤其是两级部分延期支付的研究还比较少。针对两级部分延期支付下订货问题研究很少，已有文献大都是部分与全部延期支付相结合或两级全部延期支付下的订货问题研究。例如，库马尔等（Kumar et al，2011）[108]构建了上游全部延期支付，下游部分延期支付的零售商订货模型，以成本最小化为目标，确定了零售商的最优库存策略。闵杰等（2011）[42]针对两级全部延期支付下供应链订货的问题，构建了时变需求下供应链订货的模型。

针对延期支付考虑信用良好和信用不良两种顾客类型的订货策略研究尚不多见。例如，滕（Teng，2009）[121]首次将顾客的信誉因素考虑到延期支付的 EOQ 模型中，提出将顾客分为信誉良好的顾客和信誉不良的顾客，然而在他的研究中仅考虑了信誉不良顾客的存在，并未涉及针对不同类型顾客提供不同延期支付方式。申成霖等（2015）[128]针对需求学习下考虑顾客策略行为的供应链决策问题，将顾客分为短视型和策略型两种进行研究，并未涉及延期支付方式。所以，目前对延期支付方式的研究中，几乎没有涉及针对不同类型顾客提供不同延期支付方式的研究，但在现实中是存在的。

针对延期支付考虑顾客违约风险的订货策略研究尚不多见。以往文献多是由于具有违约风险，而为顾客提供部分延期支付，少有涉及违约风险率对实际收益的影响。例如，马哈塔和德（Mahata and De，2015）[136]针对具有违约风险顾客的订货问题，考虑了零售商为具有违约风险顾客提供部分延期支付策略，并未给出具体的函数表示违约风险。吴等（Wu et al，2017）[138]针对单级延期支付下供应链决策的问题，虽然考虑了违约风险和需求是关于延期支付期限的指数函数，但并未涉及两级部分延期支付。

2.4.3　对研究本书关注问题的启示

通过对关于延期支付方式和订货策略问题的已有文献整理和总结，得到了许多有价值的启示，主要体现在以下几个方面：

可以在研究零售商订货策略时考虑不同延期支付方式的影响。对于三级供应链来说，零售商和顾客付款方式的不同会直接影响零售商的订货策略和收益，根据现实情况，在对零售商订货问题研究中，考虑两级延期支付更加符合现实情况，更具有研究意义。

在零售商订货过程中，考虑顾客类型对其订货策略的影响。零售商在订货过程中，会受到许多因素影响，本书受滕（Teng，2009）[121]对零售商订货策略问题研究的启示，考虑顾客类型对延期支付方式的影响，进而影响零售商的订货策略。

在描述顾客违约风险时，考虑了延期支付期限对违约风险的影响。吴等（Wu et al，2017）[138]对延期支付下考虑顾客违约风险的研究方法，给了本书启示。同样，马中华和苏雪玲[141]对违约风险的研究也给了本书启示。根据以上启示，查阅相关文献，使本书对顾客违约风险的描述和表示更现实，更具有代表性。

2.5 本 章 小 结

本章围绕关于延期支付方式的研究和订货策略的研究两个方面进行了文献综述，对国内外延期支付方式和订货策略的研究做了总结和梳理，同时给出已有研究的主要贡献、不足之处和对本书关注问题的启示。

第 3 章

相关概念与理论基础

通过第 2 章中针对企业延期支付方式下订货策略的已有相关研究成果的综述工作，了解了国内外对两级延期支付方式下零售商决策和经济订货批量模型的研究现状，同时总结了相关研究成果的主要贡献与不足之处以及对本书研究工作的启示。在此基础上，本章将进一步对延期支付的相关概念进行分析并明确理论基础。首先，给出延期支付的相关概念、延期支付的类别以及延期支付的特点；然后，分别对传统 EOQ 模型和延期支付下的 EOQ 模型进行介绍。通过本章的研究，为本书后续章节研究工作的开展奠定理论基础。

3.1　延期支付的含义、类别与特点

本节将对延期支付的含义、延期支付的类别和延期支付的特点进行概念分析和介绍。

3.1.1　延期支付的含义

关于延期支付概念的界定，学术界已形成比较一致的观点，如表 3.1 所示。

表 3.1   延期支付概念的界定

学者	主要观点
戈亚尔 (Goyal, 1985)[15]	首次提出了延期支付的概念, 即在商业贸易中, 供货方给予销售方在交易金额支付期限上的优惠, 交货期在前而支付期在后, 在给予的延期支付的时间内, 销售方即买方不需要承担因货款未结清所造成的利息, 但是超出规定期限, 销售方即买方仍未支付货款, 则需要承担额外的利息
贾马尔等 (Jamal et al, 1997)[55]	另一种形式上供应商提供出的价格折扣, 作为一种时间上的优惠, 延期支付间接为零售商带来了资金的升值从而降低了其购买的成本, 但是从本质上讲还是可以认为是价格歧视的手段
隆等 (Long et al, 1993)[142]	延期支付可以看作产品在一定时间内质量更有效的保证的一种方式
李明芳等 (2011)[26]	延期支付是供应链契约的一种形式, 它通常被认为是价格折扣契约的等价形式
仇志中 (2013)[4]	卖方允许买方延迟支付货款, 并且买方不需要在延期支付期限内支付相应的利息

综合学者们的观点, 可以总结出, 延期支付的概念如下:

延期支付也称为商业信用, 是贸易信贷 (trade credit) 最常见的一种形式, 在企业的商业活动中广泛使用。延期支付是供应链内部企业以特定形式提供的融资服务, 是指卖方 (本书指供应商和零售商) 允许买方 (本书指零售商和顾客) 延迟支付货款, 并且在延期支付期限内买方不需要支付利息, 但是如果零售商超过延期期限还款, 则要收超过此期限没有付清款项的利息[4]。

延期支付策略主要包括以下三个方面的内容: 延期支付期限 (信用期限), 信用标准以及现金折扣政策[143]。

延期支付期限 (信用期限) 是指卖方允许买方从购买货物开始到最终支付货款时的最长时间。例如, 卖方给予买方的延期支付期限 (信用期限) 为 30 天, 则表示卖方允许买方在购货后的 30 天内支付货款。在延期支付期限内, 买方不需支付给卖方利息。因此卖方需要考虑延期支付期限的长短, 若延期支付期限过短, 对买方没有足够的吸引力, 会流失一部分顾客, 进而影响利润；若延期支付期限过长，虽然有利于吸引顾客，增加销售量，但盲目延长期限，不仅会影响到企业资金的周转，还会提高买方违约的风险，增加相应的费用与成本，由此带来的后果可能很严重，而且极有可能造成利润的减少[144]。因此，企业需深入研究，权衡利弊，来确定最优的延期支付期限。其支付期限的研究确定，主要是通过分析改变目前存在的延期支付期限对收入和成本带来的影响，以利润最大化为决策目标，寻找最佳的延期支付期限。

信用标准是指卖方企业授予买方信用所要求的最低标准，代表卖方愿意承担的最大的付款风险的金额。如果买方的信用状况达不到卖方要求的标准，则无权享受卖方按商业信用所提供的优惠，或者只能享受较低等级的优惠政策，因此，对于卖方而言，信用标准的设置尤为重要。一般卖方企业在设计买方的信用标准前，需对其拖账、赖账的概率进行估定，但由于行业的不同，评估的方法也不同。目前比较流行的方法是采用"五 C"（character，capacity，capital，collateral，condition）理论评估系统对买方的信用进行评估，这种方法在许多企业中都得到了很好的应用。具体介绍如下：

（1）品质（character），是指客户的信誉，即履行偿债义务的可能性。这一点经常被企业视为评估企业信用品质的首要指标。

（2）能力（capacity），是指客户的偿债能力。主要的衡量指标是流动资产的质量和数量，以及流动资产与流动负债的比例（即流动比率）。企业所拥有的流动资产的数量越大，意味着现金流的周转率越高，那么企业偿还债款的能力也就越强；而流动资产的质量主要是指企业的存货质量，存货量越低，那么存货变现的概率也就越高，那么说明了此企业的偿还债款的能力也就越强。

（3）资本（capital），是指客户的财务实力和财务状况。这个品质可以表明企业可能偿还债务的背景，而其中的有形资产总资产则是关键的指标之一。

（4）抵押（collateral），是指客户拒绝支付货款或者无力支付货款时，能被用作抵押的资产。它是企业控制风险的重要措施，特别是对于信用状况不良的客户企业。

（5）条件（condition），是指可能影响买方客户支付货款能力的经济环境，涉及宏观的经济周期、中观的行业发展以及微观的企业情况，如经济不景气时客户的付款可能等。

现金折扣是指卖方为促进买方客户尽早偿清货款而在商品价格上提供的折扣优惠策略[143]。卖方提供的现金折扣,可以吸引为享受到相应的优惠而选择提前支付全部或部分货款的顾客,进而缩短卖方企业对于应收账款的周转时间,提高应收账款周转率,达到提高企业资金使用效率的目标[145]。

现金折扣会对企业的收益和成本同时产生影响,如果折扣策略制定不当,同样会使企业得不偿失。现金折扣通常的表示方式为:2/10、1/30、N/60(即 10 天内付款,可享受 2% 的现金折扣;30 天内付货,可享受 1% 的现金折扣;60 天内支付全额,无任何价格优惠)。

从买方的角度而言,它们会充分利用卖方提供的信用期限,以获得相关的利息收入或者减少利息支出,在期限结束的时刻还款,以达到自身利益的最大化;从卖方的角度考虑,为了提高企业运营效率,降低坏账风险,加速资金周转,卖方往往为了鼓励买方尽早还款,会在延期支付期限之前,提供一系列的现金折扣策略。

3.1.2 延期支付的类别

随着延期支付在企业中的广泛应用,延期支付的形式也因企业现实需求的变化而不断丰富。延期支付的类别如图 3.1 所示。

类别		按支付级别	
		单级延期支付	两级延期支付
按是否需要首付款	全部延期支付	单级完全延期支付	两级完全延期支付
	部分延期支付	单级部分延期支付	· 两级零售商部分延期支付 · 两级顾客部分延期支付 · 两级零售商、顾客均部分延期支付

图 3.1 延期支付的类别

延期支付按级别可分为单级延期支付和两级延期支付。以本书研究的三级供应链为例，若仅是供应商给零售商提供延期支付期限的情形，为单级延期支付；在单级延期支付的基础上，若零售商也提供给其顾客延期支付，为两级延期支付。在现实中，无论是单级延期支付还是两级延期支付均存在，但两级延期支付的情形更贴近实际。

按照是否需要首付款，延期支付可以分为全部延期支付和部分延期支付。全部延期支付即零售商（或顾客）购买产品的货款，均可延期支付给供应商（或零售商）；部分延期支付是指零售商（或顾客）在购买产品时需立即支付给供应商（或零售商）一部分货款，其余的货款可以享受延期支付期限。供应商（或零售商）给予零售商（或顾客）延期支付的额度越大，自身需承担的风险也就越高。因此，在现实经济活动中，供应链中的节点企业更倾向于部分延期支付策略。

此外，许多学者为了更加充分反映延期支付的特征，综合延期支付的级数和是否需要首付款这两个分类指标将延期支付进一步划分为单级完全延期支付、单级部分延期支付、两级完全延期支付、两级部分延期支付四类。其中两级部分延期支付的情况较最为复杂。可按部分延期支付对象的不同将其细分为两级零售商部分延期支付、两级顾客部分延期支付和两级零售商、顾客均部分延期支付三种。本书的研究就是基于此分类标准，从中选择两级零售商、顾客均部分延期支付作为背景进行零售商补货策略的讨论。

3.1.3　延期支付的特点

延期支付方式产生的主要原因是商业竞争与资金约束。市场经济的竞争机制迫使企业用各种方式来提高收益。企业除了依靠产品本身的质量、售后服务和广告宣传等方式外，延期支付方式已成为扩大销售、提高收益的重要手段之一。已有研究表明，在相同的条件下，以提供延期支付方式销售产品的销售量将大于以现金付款方式销售产品的销售量[146,147]。出于扩大销售竞争的需要，很多企业不得不以延期支付或其他优惠方式来吸引顾客、稳定客源。古普塔等（Gupta et al，2006）指出，延期支付方式之所以盛行，除了具有鼓励买方大批量订货的特点以外，其还有如下特点[14]：第一，卖方可以更深地了解买方的信用状况；第二，卖方对买方控制力加强；第三，卖方可以有效地避免价格歧视行为；第四，在发生违约的情况下，卖方处理存货的成本更低。

综上所述，延期支付是供应链中企业常用的一种短期融资方式。对于供应商来说，采取这种延期支付方式，相当于是供应商（或零售商）向零售商（或顾客）提供一笔无须缴纳利息的贷款，尽管会给自身增加一定的成本压力和风险，但延期支付能够大大减少了交易成本，并使得零售商的订货量大幅度增加，扩大了供应商的市场份额。因此，延期支付成为提升企业竞争力的一个关键因素[148]。

3.2 EOQ 模型的相关介绍

本节主要从传统与延期支付下的 EOQ 模型的概念、假设条件、模型符号等方面对 EOQ 模型进行介绍。

3.2.1 传统的 EOQ 模型

经济订货批量（economic order quantity，EOQ），即通过平衡采购进货成本和保管仓储成本核算，实现总库存成本最低的最佳订货量[149]。

经济订货批量模型是一个需求率固定且不允许缺货发生的多周期独立需求的订货批量模型，适用于整批间隔进货、不允许缺货的存储问题。当某种物品单位时间的需求量为常数 D，库存量以单位时间消耗量 D 的速度逐渐下降，经过时间 T 后，库存量降到零，此时开始订货并立即到货，库存量由零上升为最高库存量 Q，然后开始下一个存储周期，形成多周期存储模型。

3.2.1.1 经济订货批量模型的基本假设

（1）企业能够及时地补充货物，即需要订货时可以立即到货。

（2）订货提前期固定，批量到货，而不是陆续入库。

（3）不允许缺货，即缺货损失无限大。

（4）需求量稳定，并且能预测，即 D 为常量。

（5）进货单价、单位售价、库存成本不变，即为常量。

（6）存货资金充足，不会因为出现资金短缺而影响进货。

（7）每次订购货物的订货费用相同，与订货批量大小无关。

3.2.1.2　传统 EOQ 模型中符号的定义

- D：顾客的年需求量。
- Q：每次订货的批量。
- A：每次订货的订单成本。
- T：补货周期。
- c：单位商品的进货成本。
- h：单位商品单位时间的库存存储成本。
- TAC：年总成本。

3.2.1.3　模型简介

目标函数：年总成本 = 年库存持有成本 + 年订货成本，该模型以成本最小化为目标，即：$\min TAC = \dfrac{Q}{2}ch + \dfrac{D}{Q}A$。

根据微分学原理，欲求 TAC 关于 Q 的最小值，只需对 TAC 求关于 Q 的导数，判断其凹凸性，并令 TAC 对 Q 的一阶导数等于 0，解出的 Q 值即为使 TAC 达到最小时的点，即：最优经济批量 $Q^* = \sqrt{\dfrac{2DA}{ch}}$，相应地，最优补货周期 $T^* = \sqrt{\dfrac{2A}{chD}}$。此时，最小年相关总成本为 $TAC^* = \sqrt{2DAch}$。

3.2.2　模型

延期支付方式下的 EOQ 模型最早是由戈亚尔（Goyal）在 1985 年提出

的[15]，其后有关延期支付下经济订货批量模型的研究都是在戈亚尔（Goyal）模型基础上延伸出来的。戈亚尔（Goyal）提出的延期支付下的 EOQ 模型介绍如下。

3.2.2.1 延期支付下的 EOQ 模型的假设条件

（1）产品的需求率固定不变。

（2）不允许缺货，瞬时到货。

（3）考虑的时间区间是无限的。

（4）在延期支付期限时间内，零售商可以将销售所获得的收入存入银行或进行其他投资以获得相应的利息收入。而当供应商允许的延期支付期限到期时，零售商需要偿还欠款，这时，零售商开始为因未销售商品库存成本而占用的现金支付额外的利息。

3.2.2.2 延期支付下的 EOQ 模型中符号的定义

- D：单位时间内的需求量。
- c：单位商品的进货价格。
- p：单位商品的销售价格。
- Q：每个周期内的产品订购批量。
- A：每次订货的订单成本。
- h：单位产品单位时间的库存成本。
- I_e：单位时间单位货币的利息收入。
- I_p：单位时间单位货币的利息支出。
- M：供应商提供给零售商的延期支付期限。
- $I(t)$：零售商在 t 时刻的库存水平。
- T：零售商的补货周期。
- $TRC(T)$：零售商的年总相关成本费用。

3.2.2.3 延期支付下的 EOQ 模型的构建与求解

延期支付下的 EOQ 模型的整体计算公式为：年总相关成本（TRC）= 年

订单成本（C）+ 年订货费用（OC）+ 年库存持有成本（HC）− 年利息收入（IE）+ 年利息支出（IP），其中，

（1）年订单成本：$C = c \times \dfrac{Q}{T} = cD$。

（2）年订货费用：$OC = \dfrac{A}{T}$。

（3）年库存持有成本：$HC = \dfrac{DTh}{2}$。

在该模型中，由于只是因为满足顾客的需求而导致零售商库存的减少，因此该库存水平满足 $\dfrac{\mathrm{d}I(t)}{\mathrm{d}t} = -D$，（$I(0) = DT$），故可推出 $I(t) = DT - Dt\,(0 \leqslant t < T)$。因为年利息收入和年利息支出与 T 和 M 的大小关系相关，故需分情况讨论：

情形一：$T \geqslant M$

此情形中，在 $[0, M]$ 时间段内，零售商可以利用销售商品获得的资金赚取利息收入，而在 $(M, T]$ 时间段内，零售商需为未售出产品所占用的资金或已售出但未收回的货款支付利息，因此，

年利息支出：$IP = \dfrac{cI_p \int_{M}^{T} I(t)\,\mathrm{d}t}{T} = \dfrac{cI_p D(T-M)^2}{T}$；

年利息收入：$IE = \dfrac{pI_e \int_{0}^{M} Dt\,\mathrm{d}t}{T} = \dfrac{pI_e DM^2}{2T}$；

年总相关成本：$TRC(T) = cD + \dfrac{A}{T} + \dfrac{DTh}{2} + \dfrac{cI_p D(T-M)^2}{T} - \dfrac{pI_e DM^2}{2T}$。

情形二：$T < M$

此情形下，零售商没有相关利息支出，只有利息收入，即，

年利息支出：$IP = 0$；

年利息收入：$IE = \dfrac{pI_e \left(\int_{0}^{T} Dt\,\mathrm{d}t + \int_{T}^{M} DT\,\mathrm{d}t \right)}{T} = pI_e D\left(M - \dfrac{T}{2} \right)$；

年总相关成本：$TRC(T) = cD + \dfrac{A}{T} + \dfrac{DTh}{2} - pI_e D\left(M - \dfrac{T}{2} \right)$。

以年总相关成本 $TRC(T)$ 最小化为目标，求 $TRC(T)$ 对订货批量 Q 的一阶导和二阶导，判断其凹凸性，确定最优值是否存在，然后进一步令该函数的一阶导数等于零，即 $\dfrac{\mathrm{d}TRC}{\mathrm{d}Q}=0$，求出最优解 Q^*，最后得到最优订货周期 T^* 和最优订货量 Q^*。

3.3 本 章 小 结

本章给出了延期支付以及 EOQ 模型的概念和理论基础。具体地，分别给出了延期支付的含义、类别和特点；传统 EOQ 模型及延期支付下的 EOQ 模型的计算公式。通过本章的工作，奠定了本书关注研究的理论基础以及后续章节研究工作的理论基础。

两级延期支付下考虑两种顾客类型的零售商订货策略

本章在第 2 章文献综述和第 3 章基本理论总结的基础上，研究在两级延期支付条件下，针对目前市场中对于不同顾客类型存在不同支付方式的情况，以零售商年总利润最大化为目标，对零售商订货策略进行分析。本章内容考虑了在供应商提供给零售商部分延期支付，同时零售商提供给信用良好顾客全部延期支付，给信用不良顾客部分延期支付的情况，建立了零售商的经济订货批量模型，并对模型进行求解，最后给出确定零售商最优订货策略。具体介绍如下。

4.1 符号说明、假设条件与问题描述

本节首先给出相关符号的说明，然后为了便于本章的研究，给出了基础假设条件，最后具体阐述本章要研究的问题。

4.1.1 符号说明

为了解决两级延期支付下考虑两种顾客类型的零售商订货策略问题，现将本章使用的相关符号进行定义与说明。

- M：供应商提供给零售的延期支付期限。
- N：零售商提供给顾客的延期支付期限。
- β：零售商向供应商订货时需要立即支付的货款比例，其中 $0 < \beta < 1$。
- α：信用不良顾客向零售商购买产品时需要立即支付的货款比例，其中 $0 < \alpha < 1$。
- $(1 - \alpha)$：信用不良顾客向零售商购买产品时可以延期支付的货款比例。
- k：销售给信用良好的顾客（享受全部延期支付）的产品的比例，其中 $0 < k < 1$。
- $(1 - k)$：销售给信用不良顾客（享受部分延期支付）的产品的比例。
- c：每单位产品的购买成本。
- p：每单位产品的售价，其中 $p > c$。
- D：产品年需求率。
- h：单位时间每单位产品的库存持有成本。
- A：每次的订货成本。
- T：零售商的补货周期。
- Q：零售商的订货批量。
- TP：零售商的年总利润。
- I_p：单位货币年利息支付率。
- I_e：单位货币年利息收益率。
- Q^*：最优订货批量。
- T^*：最优补货周期。
- TP^*：零售商的最优年总利润。

4.1.2 假设条件

为便于建立模型并进行相关分析，本章给出如下假设条件：

（1）供应链系统由一个供应商、一个零售商和顾客群体组成。

（2）零售商在产品需求率不变的情况下，从供应商处订购一种产品[1]。

（3）不允许缺货，补货提前期为0。

（4）考虑的时间区间是无限的，补货是瞬时的。

（5）零售商的初始资金为0。

（6）对于支付给供应商的 β 比例立即支付款，零售商需要通过银行等途径贷款，因此，零售商需要承担这部分的贷款利息。如果零售商有多余的资金，它可以进行投资获得利息收入。

（7）为了刺激零售商及时支付给供应商剩余的采购货款，假设零售商每年每单位货币的利息支出大于每年每单位货币的利息收入，即 $I_p > I_e$。

（8）为了便于建立模型，本书假设，顾客给零售商的立即支付款不得低于零售商给供应商的立即支付款，即 $(1-k)\alpha p \geqslant \beta c$。

（9）为了简化模型，我们假设顾客立即支付款的预期比例为 $(1-k)\alpha = r$，顾客延期支付款的预期比例为 $k + (1-k)(1-\alpha) = 1-r$。

4.1.3　问题描述

本章的问题描述如图4.1所示。考虑由供应商、零售商和顾客群体组成的三级供应链。零售商在已知固定需求的情况下向供应商订购某种产品，并将该产品销售给其顾客。零售商将其顾客分为两种类型：信用良好的顾客和信用不良的顾客。信用良好的顾客能够按时支付费用，所以零售商提供给他们全部延期支付；信用不良的顾客存在不及时还款的可能性，所以提供部分延期支付。

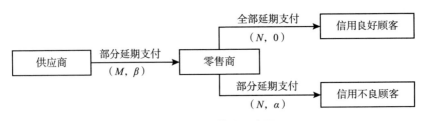

图4.1　问题描述示意图

供应商为零售商提供部分延期支付策略，延期支付期限为 M。由假设

（5）可知，零售商的初始资金为 0，零售商为了支付向供应商购入产品时需要的 β 比例立即支付货款，需要从银行或其他方式筹借，因此产生相应的利息支出。零售商在延期支付期限 M 之前的销售收入用于偿还 β 比例的立即支付款，若还清，则余下的销售收入存入银行或者进行投资获取相应的利息收益；余下的（$1-\beta$）比例产品的货款须在延期支付期限 M 时刻支付；在 M 之后，零售商要为未销售的货物或者已经销售但未取得货款的货物支付利息费。

零售商会提供给信用良好顾客全部延期支付策略，提供给信用不良顾客部分延期支付策略，且延期支付期限长度均为 N。信用不良顾客必须在购买时支付 α 比例的立即支付款，余下的（$1-\alpha$）比例的产品货款需要在延期支付期限 N 结束时支付。假定在一个订货周期 T 内，总需求的实现是一致的、连续的，如果第一个顾客在第 0 时刻购买产品，则他/她将要在第 N 时刻付清延期支付款项；如果最后一个顾客在 T 时刻购买产品，则他/她将要在 $T+N$ 时刻付清延期支付付款项，因此，零售商在 $[N, T+N]$ 时间段内会均匀、持续地获得顾客的延期支付货款收入。

如果 $M \geqslant T+N$，由于零售商在 $T+N$ 时刻已收回全部货款，故可在 M 时刻将延期货款全部支付给供应商，因此，此阶段零售商不需为支付给供应商的延期支付货款支付相关利息；如果 $T \leqslant N \leqslant M < T+N$，由于零售商为顾客提供了 $k+(1-k)(1-\alpha)$ 比例的延期支付货款，故应在 $[M, T+N]$ 时间段内收取的延期支付款项还未获得，即此时有 $cD(T+N-M)[k+(1-k)(1-\alpha)]$ 的货款相当于是零售商垫付的，零售商需为此支付利息；其他情况详见后文分析。

4.2　零售商订货模型建立

此章研究的是零售商在两级延期支付条件下，以零售商年总利润最大为目标，考虑两种顾客类型的订货模型的建立，详细说明如下。

4.2.1 目标函数

根据假设条件，零售商是在已知购买成本、销售价格、需求率、延迟支付期限和自身资金成本的条件下，确定其最优补货周期 T^*，从而确定最优订货量 Q^*，并使零售商的年总利润最大化。

零售商的年总利润（TP）= 销售利润（SP）- 订货成本（OC）

- 库存成本（HC）- 利息支出（IP）

+ 利息收益（IE）

其中，销售利润：$SP = (p-c)D$；订货成本：$OC = A/T$；库存成本：$HC = hDT/2$。

在订货周期 T 的开始，零售商利用通过银行或其他方式贷款获得的现金，支付给供应商 βcQ 的立即支付货款，为简化模型以便于分析，记 T_a 或 T_b 为零售商刚好还清这部分贷款的时间点。若 $T_a < N$，则零售商仅依靠信用不良顾客在购买时必须支付的现金即可偿还这笔贷款，此时可以得到 $\beta cQ = rpQ \times \dfrac{T_a}{T}$，即 $T_a = \dfrac{\beta cT}{rp}$；若 $T_b \geqslant N$，则零售商不仅依靠信用不良客户在购买时必须支付的现金，还依靠在时间段 N 和 T_b 之间收到的延期支付款来偿还清这笔贷款，此时可以得到 $\beta cQ = rpQ \times \dfrac{N}{T} + pQ \times \dfrac{T_b - N}{T}$，即 $T_b = \dfrac{\beta cT}{p} + (1-r)N$。

由于利息收益和支出与时间因素相关，所以，考虑到供应商给零售商的延期支付期限 M，零售商给顾客延期支付期限 N 之间的大小关系，将分为两种情况进行分析：$M \geqslant N$ 与 $M < N$。图 4.2 到图 4.8 展示了在每个子情况下零售商从银行获得的贷款或从顾客那里收到的现金的变化。若曲线高于横坐标轴，则零售商将获得利息；若曲线低于横坐标轴，则零售商将支付利息。曲线的斜率表示零售商收到现金的速率。以图 4.2（a）为例，在 $[0, N]$ 时间段，零售商只收到信用不良顾客立即支付款的现金 $rpDT$，此时，零售商收到现金的速率（即 $[0, N]$ 段曲线的斜率）为 $\dfrac{rpDT}{T} = rpD$；在 $[N, T]$ 时间段，零售商不仅收到了立即支付款的现金，而且还能收到延期支付款的现金，

此时，零售商收到现金的速率（即 $[N, T]$ 段曲线的斜率）为 $rpD + (1 - r)$ $pD = pD$；在 $[T, N + T]$ 时间段，零售商只收到延期支付款的现金，此时，

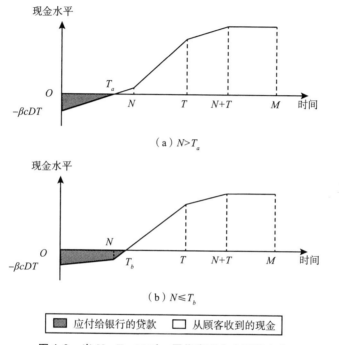

（a）$N > T_a$

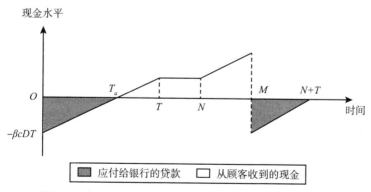

（b）$N \leqslant T_b$

图 4.2 当 $N + T \leqslant M$ 时，零售商现金水平的变化

图 4.3 当 $T \leqslant N < M \leqslant T + N$ 时，零售商现金水平的变化

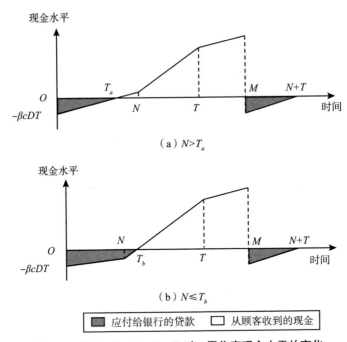

（a）$N > T_a$

（b）$N \leqslant T_b$

■ 应付给银行的贷款 □ 从顾客收到的现金

图 4.4　当 $N \leqslant T \leqslant M \leqslant T + N$ 时，零售商现金水平的变化

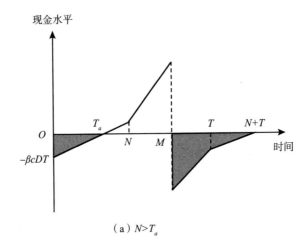

（a）$N > T_a$

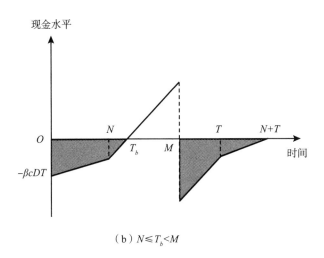

（b）$N \leqslant T_b < M$

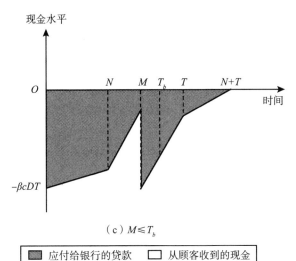

（c）$M \leqslant T_b$

■ 应付给银行的贷款 □ 从顾客收到的现金

图 4.5 当 $M \leqslant T$ 时，零售商现金水平的变化

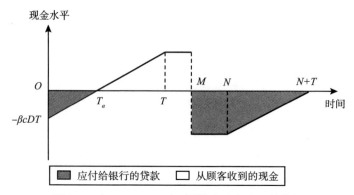

图 4.6 当 $T \leqslant M \leqslant N$ 时，零售商现金水平的变化

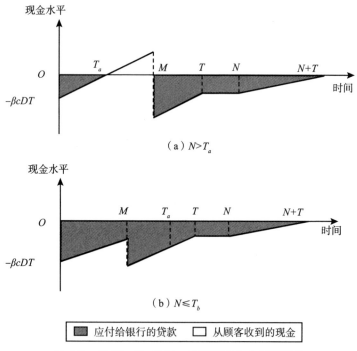

（a）$N > T_a$

（b）$N \leqslant T_b$

图 4.7 当 $M \leqslant T \leqslant N$ 时，零售商现金水平的变化

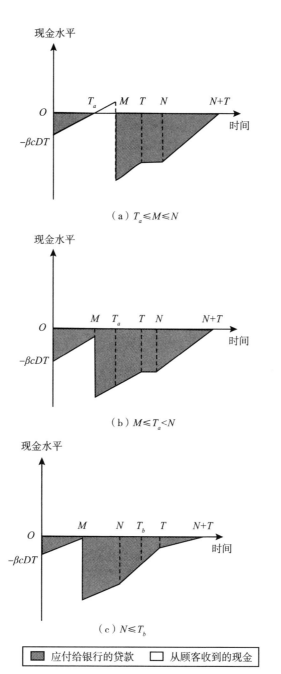

（a）$T_a \leqslant M \leqslant N$

（b）$M \leqslant T_a < N$

（c）$N \leqslant T_b$

█ 应付给银行的贷款　□ 从顾客收到的现金

图 4.8　当 $M \leqslant N \leqslant T$ 时，零售商现金水平的变化

零售商收到现金的速率（即 $[T, N+T]$ 段曲线的斜率）为 $(1-r)pD$。在开始时间点和结束时间点之间的曲线纵坐标大小的平均值是零售商在此时间段的平均现金水平，且在该时间段零售商获得的利息为：相应利率×持续时间×平均现金水平。

4.2.2 情形一：零售商延期支付期限大于顾客延期支付期限 ($M > N$)

根据 M（供应商允许零售商的延期支付期限；零售商必须支付给供应商全部货款的时间，否则将为未支付的货款支付利息），T（零售商的补货周期），$N+T$（零售商从最后一个购买产品的顾客收回货款的时间）以及 N（零售商允许顾客的延期支付期限）之间的相互关系，可以划分为以下五种子情况：①$N \leq T < N+T \leq M$；②$T \leq N < N+T \leq M$；③$T \leq N < M \leq N+T$；④$N \leq T \leq M \leq N+T$；⑤$M \leq T$。

然而，通过模型的计算与分析，发现化简后子情形 $N \leq T < N+T \leq M$ 的总利润表达式与子情形 $T \leq N < N+T \leq M$ 的相同，因此，这两个子情形可以合并为 $N+T \leq M$。最终，总结出以下四个子情形：①$N+T \leq M$；②$T \leq N < M \leq N+T$；③$N \leq T \leq M \leq N+T$；④$M \leq T$。下面对这四种子情形进行详细讨论。

4.2.2.1 子情形 1：$N+T \leq M$

在该子情形下，零售商已在 $N+T$ 时刻收回全部货款，故可以在 M 时刻直接将延期货款支付给供应商，不需为该部分货款支付相关利息。但零售商在 0 时刻支付给供应商 β 比例的立即支付货款是从银行贷款或从其他方式筹借，因此需要支付利息。根据顾客延期支付期限 N 与 T_a 的时间关系，需进一步分为 $N > T_a$ 和 $N \leq T_b$ 两种情形进行分析。

（1）$N > T_a$。

如图 4.2（a）所示，零售商在 T_a 时刻利用信用不良顾客的立即支付款还清 β 比例的首付款，即 $-\beta cDT$。因此，零售商在 $[0, T_a]$ 时间段内支付相应的利息，在 $[T_a, M]$ 时间段获得利息收益。

零售商偿清 β 比例的首付款时的利息支出为：

$$\frac{1}{2} \times (\beta cDT + 0) \times T_a I_p = \frac{\beta cDTT_a I_p}{2}$$

在 $[T_a, M]$ 时间段的利息收益为：

$$[0 + rpD(N - T_a)]\frac{(N - T_a)I_e}{2} + [2rpD(N - T_a) + pD(T - N)]\frac{(T - N)I_e}{2}$$

$$+ [2rpD(N - T_a) + 2pD(T - N) + (1 - r)pDN]\frac{NI_e}{2}$$

$$+ [rpD(N - T_a) + pD(T - N) + (1 - r)pDN](M - N - T)I_e$$

$$= \left[M(T - rT_a) - NT(1 - r) - \frac{T^2 - T_a^2 r}{2}\right]DpI_e$$

零售商的年总利润为：

$$TP_1 = SP - OC - HC - \frac{\beta cDT_a I_p}{2} + \frac{DpI_e}{T}\left[M(T - rT_a) - NT(1 - r) - \frac{T^2 - T_a^2 r}{2}\right]$$

$$(4.1)$$

（2）$N \leqslant T_b$。

由于 $T_b - N = \frac{\beta cT}{p} + (1 - r)N - N > 0$，即零售商利用信用不良顾客的立即支付款尚未偿清 β 比例的首付款，就已开始收到部分顾客的延期支付款，因此零售商偿还 β 比例首付款的资金包括顾客的立即支付和延期支付两部分货款。如图 4.2（b）所示，在 $[0, T_b]$ 时间段零售商支付利息，在 $[T_b, M]$ 时间段获得利息收入。由图 4.2（b）可知零售商的相关利息收支情况如下：

在 $[0, T_b]$ 时间段内零售商的利息支出为：

$$(2\beta cDT - rpDN)\frac{NI_p}{2} + (\beta cDT - rpDN)\frac{(T_b - N)I_p}{2}$$

在 $(T_b, M]$ 时间段内零售商的利息收益为：

$$\frac{I_e}{2}pD(T - T_b)^2 + \frac{NI_e}{2}[2pD(T - T_b) + (1 - r)pDN]$$

$$+ [pD(T - T_b) + (1 - r)pDN](M - N - T)I_e$$

$$= DMpI_e(N + T - Nr - T_b) + DNTI_e(pr - p) + \frac{DpI_e}{2}(N^2r - N^2 - T^2 + T_b^2)$$

零售商的年总利润为：

$$TP_2 = SP - OC - HC - (2\beta cDT - rpDN)\frac{NI_p}{2T} - (\beta cDT - rpDN)\frac{(T_b - N)I_p}{2T}$$

$$+ \frac{pDMI_e}{T}(N + T - Nr - T_b) + DNI_e(pr - p) + \frac{DpI_e}{2T}(N^2r - N^2 - T^2 + T_b^2)$$

$$\tag{4.2}$$

4.2.2.2　子情形2：$T \leqslant N < M \leqslant N + T$

在该子情形下，因为 $T \leqslant N$，所以零售商利用信用不良顾客的立即支付货款就已偿清 β 比例的首付款。但是，由于 $M \leqslant N + T$，零售商在延期支付期限 M 时间点未收回所有货款，故需为 M 时间点之后未收回的货款支付相应的利息，即零售商需在 $[0, T_a]$ 和 $[M, N + T]$ 时间段内支付利息，其余时间内会获得利息收益，如图4.3所示。

由图4.3可知零售商的相关利息收支如下：

在 $[0, T_a]$ 时间段内利息支出为：

$$\frac{1}{2}c\beta DTI_p T_a$$

在 $(T_a, M]$ 时间段内利息收益为：

$$\frac{I_e rpD}{2}(T - T_a)^2 + rpD(T - T_a)(N - T)I_e + \frac{I_e(M - N)}{2}$$

$$[2rpD(T - T_a) + (1 - r)(M - N)pD]$$

在 $(M, N + T]$ 时间段内利息支出为：

$$\frac{1}{2}(1 - r)cI_pD(T + N - M)^2$$

零售商的年总利润为：

$$TP_3 = SP - OC - HC + \frac{I_e rpD}{2T}(T - T_a)^2 + \frac{rpDI_e}{T}(T - T_a)(N - T)$$

$$+ \frac{I_e(M - N)}{2T}[2rpD(T - T_a) + (1 - r)(M - N)pD]$$

$$-\frac{1}{2}c\beta DI_p T_a - \frac{cI_p D}{2T}(1-r)(T+N-M)^2 \qquad (4.3)$$

4.2.2.3 子情形3：$N \leqslant T \leqslant M \leqslant N+T$

同样地，根据零售商依靠信用不良顾客的立即支付货款是否能满足供应商要求其立即支付货款的条件，将分为两部分进行具体分析。

（1）$N > T_a$。

在销售周期结束前零售商利用信用不良顾客的立即支付货款就已偿清 β 比例的首付款，故零售商现金变化如图4.4（a）所示。零售商在 $(T_a, M]$ 时间段内会赚取利息收入，即：

$$\frac{I_e rpD}{2}(N-T_a)^2 + \frac{I_e(T-N)}{2}[2rpD(N-T_a)+pD(T-N)]$$

$$+\frac{(M-T)I_e}{2}[2rpD(N-T_a)+2pD(T-N)+(1-r)pD(M-T)]$$

在 $[0, T_a]$ 和 $(M, N+T]$ 时间段内支付利息为：

$$\frac{\beta cDTT_a I_p}{2} + \frac{I_p(1-r)}{2}cD(N+T-M)^2$$

零售商的年总利润为：

$$TP_4 = SP - OC - HC + \frac{I_e(T-N)}{2T}[2rpD(N-T_a)+pD(T-N)]$$

$$+\frac{(M-T)I_e}{2T}[2rpD(N-T_a)+2pD(T-N)+(1-r)pD(M-T)]$$

$$+\frac{I_e rpD}{2T}(N-T_a)^2 - \frac{\beta cDT_a I_p}{2} - \frac{I_p(1-r)}{2T}cD(N+T-M)^2 \qquad (4.4)$$

由式（4.3）与式（4.4）可知，此情况下的结果与零售商在 $T \leqslant N < M \leqslant N+T$ 情况下的结果相同，所以零售商在两种情况下的订货模型相同，即 $TP_3 = TP_4$。

（2）$N \leqslant T_b$。

此情形下，零售商利用信用不良顾客的立即支付款还未偿清 β 比例的货款时就已开始收到下游延期支付的货款，所以此时零售商偿还 β 比例货款的资金是由顾客立即支付与延期支付两部收入组成。因此，零售商在此种情况下的现金变化如图 4.4（b）所示。

由图 4.4（b）可知零售商在 $[0, T_b]$ 与 $(M, N+T]$ 时间段内有相应的利息费用支出，在 $(T_b, M]$ 时间段内有相应的利息收益。下面对利息收支情况具体进行分析。

在 $[0, T_b]$ 时间段内零售商的利息支出为：

$$\frac{I_p N}{2}(2\beta cDT - rpDN) + \frac{I_p(T_b - N)}{2}(\beta cDT - rpDN)$$

在 $(M, N+T]$ 时间段内利息支出为：

$$\frac{cDI_p(1-r)}{2}(N + T - M)^2$$

在 $(T_b, M]$ 时间段内零售商利息收益为：

$$\frac{I_e pD(T - T_b)^2}{2} + \frac{I_e(M - T)}{2}[2pD(T - T_b) + (1 - r)pD(M - T)]$$

零售商的年总利润为：

$$TP_5 = SP - OC - HC - \frac{I_p N}{2T}(2\beta cDT - rpDN) - \frac{I_p(T_b - N)}{2T}(\beta cDT - rpDN)$$

$$- \frac{cDI_p(1 - r)}{2T}(N + T - M)^2 + \frac{I_e pD(T - T_b)^2}{2T}$$

$$+ \frac{I_e(M - T)}{2T}[2pD(T - T_b) + (1 - r)pD(M - T)] \qquad (4.5)$$

4.2.2.4　子情形 4：$M \leqslant T$

由于零售商须在 M 时刻交付所有产品延期支付的购买资金，但零售商在 $N+T$ 时刻才能收回所有产品的销售收入，因此，零售商在 M 时刻之前，偿清供应商的立即支付货款后余下的资金可以赚取相应的收益，而在 M 时刻之后，零售商需为未能支付的货款支付相应的利息。具体分析如下。

（1）$N > T_a$。

此情形下，零售商在 T_a 时刻偿清首付款，M 时刻之后要为未售出或已售出但未收回的货款支付利息，故零售商在 $[0, T_a]$ 和 $(M, N+T]$ 时间段内会有相应的利息支出, 在 $(T_a, M]$ 时间段内会有相应的利息收入, 其现金变化趋势如图 4.5 (a) 所示。

在 $[0, T_a]$ 时间段内零售商的利息支出为:

$$\frac{\beta cDTT_a I_p}{2}$$

在 $(T_a, M]$ 时间段内零售商的利息收益为:

$$\frac{rpDI_e}{2}(N - T_a)^2 + \frac{I_e(M-N)}{2}[2rpD(N - T_a) + pD(M-N)]$$

在 $(M, N+T]$ 时间段内零售商的利息支出为:

$$\frac{I_p}{2}(1-r)cDN^2 + \frac{(T-M)I_p}{2}[2(1-r)cDN + cD(T-M)]$$

零售商的年总利润为:

$$TP_6 = SP - OC - HC - \frac{I_p}{2T}(1-r)cDN^2 - \frac{(T-M)I_p}{2T}[2(1-r)cDN + cD(T-M)]$$

$$-\frac{\beta cDT_a I_p}{2} + \frac{I_e}{2T}rpD(N-T_a)^2 + \frac{I_e(M-N)}{2T}[2rpD(N-T_a) + pD(M-N)]$$

$$(4.6)$$

(2) $N \leqslant T_b < M$。

在此情形下, 零售商利用信用不良顾客的立即支付款尚未偿清供应商的首付款时, 就已开始收到部分顾客在信用期 N 之后开始支付的延期货款, 故零售商偿还最初订货时支付给供应商立即支付款的资金是由顾客立即支付款和延期支付款两部分组成。因此, 该情形下零售商的现金变化趋势如图 4.5 (b) 所示, 由该图可知,

零售商在 $[0, T_b]$ 时间段内的利息支出为:

$$\frac{NI_p}{2}(2\beta cDT - rpDN) + \frac{I_p pDT}{2}(T_b - N)^2$$

在 $(T_b, M]$ 时间段内零售商的利息收益为:

$$\frac{pD(M - T_b)^2 I_e}{2}$$

在 $(M, N+T]$ 时间段内利息支出为:

$$\frac{(1-r)cDN^2I_p}{2} + \frac{(T-M)I_p}{2}\big[2(1-r)DN + cD(T-M)\big]$$

零售商的年总利润为:

$$TP_7 = SP - OC - HC - \frac{NI_p}{2T}(2\beta cDT - rpDN) - \frac{I_p}{2}pD(T_b - N)^2 - \frac{(1-r)cDN^2I_p}{2T}$$

$$-\frac{(T-M)I_p}{2T}\big[2(1-r)cDN + cD(T-M)\big] + \frac{pD(M-T_b)^2I_e}{2T} \qquad (4.7)$$

(3) $M \le T_b$。

由于 T_b 时刻是零售商偿清首付款的时间,又因为 $M < T_b$,所以零售商在未偿清首付款时,就需支付给供应商延期支付货款,故此情形下零售商仅需考虑利息支出。零售商的现金变化趋势如图 4.5(c)所示,零售商的年总利润为:

$$TP_8 = SP - OC - HC - \frac{NI_p}{2T}(2\beta cDT - rpDN) - \frac{(M-N)I_p}{2T}$$

$$\big[2\beta cDT - 2rpDN - pD(M-N)\big] - \frac{(1-r)cDN^2I_p}{2T} - \frac{(T-M)I_p}{2T}$$

$$\big[2(1-r)cDN + cD(T-M)\big] \qquad (4.8)$$

4.2.3 情形二:零售商延期支付期限不大于顾客延期支付期限 ($M \le N$)

根据供应商提供给零售商的延期支付期限 M、零售商提供给顾客的延期支付期限 N 以及零售商的补货周期 T 之间的大小关系,可以分为三种子情况进行分析,分别为:①$T \le M \le N$;②$M \le T \le N$;③$M \le N \le T$。

4.2.3.1 子情形 1: $T \le M \le N$

在 [0, M] 区间,零售商所获得的销售收入除去需支付的首付款 βcDT 后,余下的资金可获得相应的利息收入,而 M 时刻之后零售商需支付给供应商余下的货款 $(1-\beta)cDT$,但由于 $M < N$,因此,零售商要为 M 时刻后未偿清的货款支付利息。零售商的现金变化趋势如图 4.6 所示,其中,零售商在

$(T_a, M]$ 时间段获得利息收入，在其他时间段支付利息。

因此，在 $[0, T_a]$ 时间段内利息支出为：

$$\frac{\beta c D T T_a I_p}{2}$$

在 $(T_a, M]$ 时间段内利息收益为：

$$\frac{rpD(T - T_a)^2 I_e}{2} + rpD(T - T_a)(M - T)I_e$$

在 $(M, N + T]$ 时间段内利息支出为：

$$\frac{(1 - r)cDT^2 I_p}{2} + (1 - r)cD(N - M)TI_p$$

零售商的年总利润为：

$$TP_9 = SP - OC - HC - \frac{\beta c D T T_a I_p}{2} - \frac{(1 - r)cDTI_p}{2} - (1 - r)cD(N - M)I_p$$

$$+ \frac{rpD(T - T_a)^2 I_e}{2T} + rpD\left(1 - \frac{T_a}{T}\right)(M - T)I_e \qquad (4.9)$$

4.2.3.2 子情形 2：$M \leqslant T \leqslant N$

当供应商提供的延期支付期限 M 不大于零售商的补货周期 T，同时补货周期 T 不大于零售商提供给顾客的延期支付期限 N 时，根据 M 与 T_a 之间的大小关系，可分为如下两种情况进行具体分析。

（1）$M \geqslant T_a$。

由于零售商在 T_a 时刻偿清立即支付的首付款，故在 $(T_a, M]$ 时间段内有相应的利息收入，零售商在 M 时刻之后要为未售出或已售出但没收回货款的产品的费用支付相应的利息，零售商现金变化趋势图如图 4.7（a）所示，由图 4.7（a）可知，

在 $(T_a, M]$ 时间段内零售商的利息收入为：

$$\frac{rpDI_e}{2}(M - T_a)^2$$

在 $[0, T_a]$ 时间段内零售商利息支出为：

$$\frac{\beta c D T T_a I_p}{2}$$

在 $(M, N+T]$ 时间内零售商利息支出为：

$$\frac{(1-r)cDTI_p}{2} + (1-r)cDT(N-T)I_p + \frac{(T-M)I_p}{2}\left[2(1-r)cDT + rpD(T-M)\right]$$

零售商的年总利润为：

$$TP_{10} = SP - HC - OC - \frac{\beta cDT_aI_p}{2} - \frac{(1-r)cDI_p}{2} - (1-r)cD(N-T)I_p$$

$$- \frac{(T-M)I_p}{2T}\left[2(1-r)cDT + rpD(T-M)\right] + \frac{rpDI_e}{2T}(M-T_a)^2$$

$$(4.10)$$

（2） $M < T_a$。

在此情形下，当零售商在 M 时刻支付供应商延期支付货款时，仍未偿清供应商立即支付款，因此，零售商在此情形下无利息收入，只有利息支出，如图 4.7（b）所示，零售商的年总利润为：

$$TP_{11} = SP - OC - HC - \frac{MI_p}{2T}(2\beta cDT - rpDM) - \frac{(1-r)cDTI_p}{2}$$

$$- (1-r)cD(N-T)I_p - \frac{(T-M)I_p}{2T}\left[2(1-r)cDT + rpD(T-M)\right]$$

$$(4.11)$$

4.2.3.3　子情形 3：$M \leq N \leq T$

依据 T_a 或 T_b 与 M 和 N 之间的关系，此子情形可以具体分为 $T_a \leq M \leq N$、$M \leq T_a < N$ 以及 $N \leq T_b$ 三种情况进行分析。

（1） $T_a \leq M \leq N$。

零售商在 M 时刻之前，利用顾客的立即支付款就已偿清 β 比例的货款，因此，零售商在 $(T_a, M]$ 区间内会获得利息收入，而在 M 时刻之后零售商要为未售出或已售出但未收回货款的产品货款支付利息。零售商的现金变化如图 4.8（a）所示，由图 4.8（a）可知，

在 $[0, T_a]$ 时间段内零售商利息支出为：

$$\frac{\beta cDT_aI_p}{2}$$

在 $(T_a, M]$ 时间段内零售商利息收益为：

$$\frac{rpD(M - T_a)^2 I_e}{2T}$$

在 $(M, N + T]$ 时间内零售商利息支出为：

$$\frac{(1 - r)cDTI_p}{2} + (1 - r)cD(N - T)I_p + \frac{(T - M)I_p}{2T}[2(1 - r)cDT + rpD(T - M)]$$

零售商的年总利润为：

$$TP_{12} = SP - HC - OC - \frac{\beta cDT_a I_p}{2} + \frac{rpD(M - T_a)^2 I_e}{2T} - \frac{(1 - r)cDTI_p}{2}$$

$$- (1 - r)cD(N - T)I_p - \frac{(T - M)I_p}{2T}[2(1 - r)cDT + rpD(T - M)]$$

$$(4.12)$$

对比式（4.10）与式（4.12）可知，零售商在此情形下的年总利润函数与 $M \leqslant N$ 情况下 $M \leqslant T \leqslant N$ 子情形中 $M \geqslant T_a$ 情况的结果相同，即 $TP_{12} = TP_{10}$。

（2）$M \leqslant T_a < N$。

此时零售商在 M 时刻支付供应商延期支付货款时，仍未偿清 β 比例首付款，因此，零售商在此情形下无利息收入，其现金变化如图 4.8（b）所示，故零售商的年总利润为：

$$TP_{13} = SP - OC - HC - \frac{MI_p}{2T}(2\beta cDT - rpDM) - \frac{(1 - r)cDTI_p}{2}$$

$$- (1 - r)cD(N - T)I_p - \frac{(T - M)I_p}{2T}[2(1 - r)cDT + rpD(T - M)]$$

$$(4.13)$$

对比式（4.11）与式（4.13）可知，零售商此时的年总利润函数与 $M \leqslant N$ 情况下 $M \leqslant T \leqslant N$ 子情形中 $M < T_a$ 情况的结果相同，即 $TP_{13} = TP_{11}$。

（3）$N \leqslant T_b$。

在此情形下，零售商在未偿清立即支付货款时，就需支付供应商的延期支付货款，因此，零售商在此情形下无利息收益，其现金变化如图 4.8（c）所示，零售商的年总利润为：

$$TP_{14} = SP - OC - HC - \frac{MI_p}{2T}(2\beta cDT - rpDM) - \frac{(1 - r)cDN^2 I_p}{2T}$$

$$-\frac{(T-N)I_p}{2T}\left[2(1-r)cDN+pD(T-N)\right]$$

$$-\frac{(N-M)I_p}{2T}\left[2(1-r)cDN+2pD(T-N)+rpD(N-M)\right]$$

$$(4.14)$$

4.3 零售商最优订货策略求解

本节主要是对上一节的订货模型进行求解。为求零售商的最优补货周期和最优订货量，使零售商的年总利润最大，需根据以上不同情况下的零售商的目标函数，分别求解最优解。具体过程如下。

4.3.1 零售商延期支付期限大于顾客延期支付期限 （$M>N$）的模型求解

若要得到零售商的最优补货周期和最优订货批量，需要对目标函数求关于 T 的一阶导数和二阶导数，当 $TP''_i(T)<0$（$i=1,2,3,\cdots,n$）时，令 $TP'_i(T)=0$ 可得零售商的最优补货周期，即 T_i。

4.3.1.1 子情形 1：$N+T\leqslant M$

（1）当 $N>T_a$ 时，应用零售商的年总利润函数式（4.1），求 TP_1 关于 T 的一阶导数与二阶导数，整理得：

$$\frac{dTP_1}{dT}=\frac{A}{T^2}+\frac{I_eD(rp+\beta c)^2-\beta^2c^2I_pD}{2rp-I_eD(rp+\beta c)}-\frac{pI_eD(1-r)+hD}{2} \qquad (4.15)$$

$$\frac{d^2TP_1}{dT^2}=-\frac{2A}{T^3} \qquad (4.16)$$

显然，式 $\frac{d^2TP_1}{dT^2}=-\frac{2A}{T^3}<0$，$TP_1$ 是关于 T 的凹函数。因此，令式（4.15）

等于 0，即 $\dfrac{\mathrm{d}TP_1}{\mathrm{d}T} = 0$，可以得到最优补货周期，即：

$$T_1^* = \sqrt{\dfrac{2Arp}{hrpD - I_e D(\beta^2 c^2 - rp) + \beta^2 c^2 I_p D}} \tag{4.17}$$

进而可以求得最优订货数量，即：

$$Q_1^* = T_1^* D = \sqrt{\dfrac{2ArpD}{hrp - I_e(\beta^2 c^2 - rp) + \beta^2 c^2 I_p}} \tag{4.18}$$

为确保 $N + T^* \leqslant M$ 且 $N > T_a^*$ 同时成立，把式（4.17）分别代入 $N + T \leqslant M$ 和 $N > T_a$ 中，可得当且仅当 $\Delta_1 \equiv 2Apr - (M - N)^2 \big[Dpr(I_e p + h) + D\beta^2 c^2 (I_p - I_e) \big] \leqslant 0$ 时，$N + T^* \leqslant M$ 成立；$\Delta_2 \equiv N^2 pr \big[Dpr(I_e p + h) + D\beta^2 c^2 (I_p - I_e) \big] - 2A\beta^2 c^2 > 0$ 时，$N > T_a^*$ 成立。

由于 $Q^* = T^* D$，下文最优订货批量 $Q_2^* \sim Q_{14}^*$ 的求解过程都相同，因此省略。

（2）当 $N \leqslant T_b$ 时，求解过程类似于 $N > T_a$ 时，故对式（4.2）求 TP_2 关于 T 的一阶与二阶导数，并令其一阶导数等于 0，可得最优补货周期，即：

$$T_2^* = \sqrt{\dfrac{2A - r(1 - r)(I_p - I_e)pDN^2}{D(I_e p + h) + D\beta^2 c^2 (I_p - I_e)/p}} \tag{4.19}$$

4.3.1.2　子情形 2：$T \leqslant N < M \leqslant N + T$

对式（4.3）求 TP_3 关于 T 的一阶与二阶导数，并令其一阶导数等于 0，可得最优补货周期，即：

$$T_3^* = \sqrt{\dfrac{2Ar - r(1 - r)(M - N)^2 D(pI_e - cI_p)}{rD(h + rpI_e) + r(1 - r)DcI_p + \beta^2 c^2 (I_p - I_e)D/p}} \tag{4.20}$$

同时为确保 $T_3^* \leqslant N$ 成立，可得到判别式 $\Delta_3 \equiv 2Ar - r(1 - r)(M - N)^2 D(pI_e - cI_p) - N^2 \big[rD(h + rpI_e) + r(1 - r)DcI_p + \beta^2 c^2 (I_p - I_e)D/p \big]$，即当且仅当 $\Delta_3 < 0$ 时，$T_3^* \leqslant N$ 成立。

4.3.1.3　子情形 3：$N < T \leqslant M \leqslant N + T$

（1）当 $N \geqslant T_a$ 时，由于此时零售商的订货模型与 $T \leqslant N < M \leqslant N + T$ 时相

同，故此时 $T_4^* = T_3^*$，$Q_4^* = Q_3^*$。同时可得当且仅当 $\Delta_4 \equiv M^2 [\, rD(h + rpI_e) +$
$r(1-r)DcI_p + \beta^2 c^2 (I_p - I_e)D/p\,] - [\, 2Ar - r(1-r)(M-N)^2 D(pI_e - cI_p)\,] > 0$ 且
$\Delta_5 \equiv (Nrp)^2 [\, rD(h + rpI_e) + r(1-r)DcI_p + \beta^2 c^2 (I_p - I_e)D/p\,] - (\beta c)^2 [\, 2Ar - r(1 - r)(M-N)^2 D(pI_e - cI_p)\,] \geq 0$ 时，$N > T_a^*$ 与 $N \leq T_4^* \leq M \leq T_4^* + N$ 同时成立。

（2）当 $N \leq T_b$ 时，对式（4.5）求 TP_5 关于 T 的一阶与二阶导数，并令其一阶导数等于 0，可得最优补货周期，即：

$$T_5^* = \sqrt{\frac{2A + (1-r)(\gamma + I_e Dp\eta)}{D\beta^2 c^2 (I_p - I_e)/p + DI_p c(1-r) + D(h + rpI_e)}} \qquad (4.21)$$

其中，$\gamma = cI_p D\ (N-M)^2 - I_p DN^2 rp$ 且 $\eta = rN^2 - (M-N)^2$。

4.3.1.4 子情形 4：$M \leq T$

（1）当 $N > T_a$ 时，对式（4.6）求 TP_6 关于 T 的一阶与二阶导数，并令其一阶导数等于 0，可得最优补货周期，即：

$$T_6^* = \sqrt{\frac{2A/D - I_e p(M-N)^2 + pr(I_e - I_p)N(N-2M) + I_p [\, M^2 c + pN(N-2M)\,]}{(I_p c + h) + \beta^2 c^2 (I_p - I_e)/pr}}$$

$$(4.22)$$

同时，可得到当且仅当判别式 $\Delta_6 > 0$ 时，即 $\Delta_6 \equiv (Nrp)^2 [\, (I_p c + h) +$
$\beta^2 c^2 (I_p - I_e)/(pr)\,] - (\beta c)^2 \{\, 2A/D - I_e p(M-N)^2 + pr(I_e - I_p)N(N-2M) +$
$I_p [\, M^2 c + pN(N-2M)\,]\} > 0$ 时，$N > T_a^*$ 成立。

（2）当 $N \leq T_b < M$ 时，对式（4.7）求 TP_7 关于 T 的一阶与二阶导数，并令其一阶导数等于 0，可得最优补货周期，即：

$$T_7^* = \sqrt{\frac{2A/D + [\, 2MNr + (M-N)^2\,](cI_p - pI_e) - I_p N^2 r[\, c + p(1-r)\,] + (2-r)I_e pN^2 r}{(I_p c + h) + \beta^2 c^2 (I_p - I_e)/p}}$$

$$(4.23)$$

同时可得当且仅当判别式 $\Delta_7 \equiv (Mrp)^2 \{\, 2A/D + [\, 2MNr + (M-N)^2\,](cI_p - pI_e) - I_p N^2 r[\, c + p(1-r)\,] + (2-r)I_e pN^2 r\} - (\beta c)^2 [\, (I_p c + h) + \beta^2 c^2 (I_p - I_e)/p\,] \geq 0$ 时，$M \geq T_a^*$ 成立。

（3）当 $M \leq T_b$ 时，对式（4.8）求 TP_7 关于 T 的一阶与二阶导数，并令

其一阶导数等于 0，可得最优补货周期，即：

$$T_8^* = \sqrt{\frac{2A/D + I_p(p-c)\left[rN(N-2M)-(M-N)^2\right]}{cI_p+h}} \tag{4.24}$$

综上，可以得到定理 4.1。

定理 4.1 当 $M \geq N$ 时：

(1) 若 $\Delta_1 \leq 0$，$\Delta_2 > 0$，则零售商最高年总利润为 $TP(T^*) = TP_1(T_1^*)$。此时零售商最优订货周期为 $T^* = T_1^*$，最优订货量为 $Q^* = Q_1^*$。

(2) 若 $\Delta_1 \leq 0$，$\Delta_2 < 0$ 且 $r(1-r)(I_p - I_e)DN^2 p < 2A$，则零售商最高年总利润为 $TP(T^*) = TP(T_2^*)$。此时零售商最优订货周期为 $T^* = T_2^*$，最优订货量为 $Q^* = Q_2^*$。

(3) 若 $\Delta_1 > 0$，$\Delta_4 > 0$ 且 $\Delta_3 < 0$，则零售商最高年总利润为 $TP(T^*) = TP(T_3^*)$。此时零售商最优订货周期为 $T^* = T_3^*$，最优订货量为 $Q^* = Q_3^*$。

(4) 若 $\Delta_1 > 0$，$\Delta_4 > 0$，$\Delta_3 \geq 0$，$\Delta_5 \geq 0$，则零售商最高年总利润为 $TP(T^*) = TP(T_4^*) = TP(T_3^*)$。此时零售商最优订货周期为 $T^* = T_4^* = T_3^*$，最优订货量为 $Q^* = Q_4^* = Q_3^*$。

(5) 若 $\Delta_1 > 0$，$\Delta_4 > 0$，$\Delta_3 \geq 0$，$\Delta_5 < 0$ 且 $2A > D(1-r)\left[(I_p - I_e)N^2 pr + (pI_e - cI_p)(M-N)^2\right]$，则零售商最高年总利润为 $TP(T^*) = TP(T_5^*)$。此时零售商最优订货周期为 $T^* = T_5^*$，最优订货量为 $Q^* = Q_5^*$。

(6) 若 $\Delta_4 \leq 0$，$\Delta_6 > 0$ 且 $2A > DM^2(pI_e - cI_p) - DNp(1-r)(I_p - I_e)(N-2M)$，则零售商最高年总利润为 $TP(T^*) = TP(T_6^*)$。此时零售商最优订货周期为 $T^* = T_6^*$，最优订货量为 $Q^* = Q_6^*$。

(7) 若 $\Delta_4 \leq 0$，$\Delta_6 \leq 0$，$\Delta_7 \geq 0$ 且 $2A > \{D(pI_e - cI_p)\left[(M-N)^2 - Nr(N-2M)\right] + DN^2 pr(1-r)(I_p - I_e)\}$，则零售商最高年总利润为 $TP(T^*) = TP(T_7^*)$。此时零售商最优订货周期为 $T^* = T_7^*$，最优订货量为 $Q^* = Q_7^*$。

(8) 若 $\Delta_4 \leq 0$，$\Delta_7 < 0$ 且 $2A > DI_p(p-c)\left[(1-r)(M-N)^2 + M^2 r\right]$，则零售商最高年总利润为 $TP(T^*) = TP(T_8^*)$。此时零售商最优订货周期为 $T^* = T_8^*$，最优订货量为 $Q^* = Q_8^*$。

证明：(1) 若 $\Delta_1 \leq 0$ 且 $\Delta_2 > 0$，将 Δ_1、Δ_2 与式 (4.17) 代入 $N + T \leq M$

和 $N > T_a$ 中，则可判断 $N + T^* \leqslant M$ 和 $N > T_a^*$ 同时成立，因此，零售商在此种情况下的年总利润符合 $M > N$ 中第 1 个子情形的第 1 种情况，即 $TP(T) = TP_1(T)$。

由式（4.16）可知 $TP_1''(T) < 0$，$TP(T)$ 是关于 T 的凹函数，因此，存在 T_1^* 使得利润函数有最大值，故令式（4.15）等于 0，可得最优解 T_1^*，进而得到最优订货量 Q_1^*。

定理 4.1 中（2）~（8）的证明过程同上，所以省略。

证毕。

4.3.2　零售商延期支付期限不大于顾客延期支付期限（$M \leqslant N$）的模型求解

此时零售商的年总利润函数模型的分析过程与 $M \geqslant N$ 时的分析过程相同，即求目标函数 $TP(T)$ 关于 T 的一阶与二阶导数。

4.3.2.1　子情形 1：$T \leqslant M \leqslant N$

以式（4.9）为例，通过求解得到如下结果：

$$\frac{\mathrm{d}TP_9}{\mathrm{d}T} = \frac{A}{T^2} + \frac{(rp - \beta c)^2 DI_e - \beta^2 c^2 DI_p}{2rp} - (rp - \beta c)DI_e - \frac{cDI_p(1 - r) + hD}{2}$$

$$\text{(4.25)}$$

$$\frac{\mathrm{d}^2 TP_9}{\mathrm{d}T^2} = -\frac{2A}{T^3} \tag{4.26}$$

显然，由式（4.26）可知 $\dfrac{\mathrm{d}^2 TP_9}{\mathrm{d}T^2} < 0$，$TP_9(T)$ 是关于 T 的凹函数。因此，令式（4.25）等于 0，可以得到最优解 T_9，即：

$$T_9^* = \sqrt{\frac{2A/D}{h + cI_p + r(pI_e - cI_p) + \beta^2 c^2(I_p - I_e)/rp}} \tag{4.27}$$

将式（4.27）代入 $T \leqslant M \leqslant N$ 中，可以得到，当且仅当 $\Delta_8 \equiv 2Ar - M^2\{Dhr + DrcI_p + Dr^2(pI_e - cI_p) + D\beta^2 c^2(I_p - I_e)/p\} \leqslant 0$ 时，条件 $T_9^* \leqslant M \leqslant N$ 成立。

4.3.2.2 子情形 2：$M \leqslant T \leqslant N$

（1）当 $M > T_a$ 时，对式（4.10）求 TP_{10} 关于 T 的一阶与二阶导数，并令其一阶导数等于 0，可得最优补货周期，即：

$$T_{10}^* = \sqrt{\frac{2A/D + M^2 pr(I_p - I_e)}{h + cI_p + rI_p(p - c) + \beta^2 c^2(I_p - I_e)/rp}} \tag{4.28}$$

同时，可得当且仅当 $\Delta_9 \equiv N^2 [h + cI_p + rI_p(p - c) + \beta^2 c^2(I_p - I_e)/rp] - [2A/D + M^2 pr(I_p - I_e)] \geqslant 0$，$\Delta_{12} \equiv (\beta c)^2 [2A/D + M^2 pr(I_p - I_e)] - (Mrp)^2 [h + cI_p + rI_p(p - c) + \beta^2 c^2(I_p - I_e)/rp] > 0$ 时，$M \leqslant T \leqslant N$ 和 $M > T_a$ 同时成立。

（2）当 $M \leqslant T_b$ 时，对式（4.11）求 TP_{11} 关于 T 的一阶与二阶导数，并令其一阶导数等于 0，可得最优补货周期，即：

$$T_{11}^* = \sqrt{\frac{2A/D}{h + cI_p + rI_p(p - c)}} \tag{4.29}$$

4.3.2.3 子情形 3：$M \leqslant N \leqslant T$

（1）当 $T_a \leqslant M \leqslant N$ 时，由于此时零售商的订货模型与 $M \leqslant N \leqslant T$ 且 $M > T_a$ 时的模型相同，故此时 $T_{12}^* = T_{10}^*$，$Q_{12}^* = Q_{10}^*$。同时可得当且仅当 $\Delta_{10} \equiv (Mrp)^2 [h + cI_p + rI_p(p - c) + \beta^2 c^2(I_p - I_e)/rp] - (\beta c)^2 [2A/D + M^2 pr(I_p - I_e)] \geqslant 0$ 时，$M > T_a$ 成立。

（2）当 $M \leqslant T_a < N$ 时，此时零售商的订货模型与 $M \leqslant N \leqslant T$ 且 $M \leqslant T_b$ 时的模型相同，故此时 $T_{13}^* = T_{11}^*$，$Q_{13}^* = Q_{11}^*$。同时可得，当且仅当 $\Delta_{11} \equiv 2A(\beta c)^2 - (Nrp)^2 [Dh + DcI_p + DrI_p(p - c)] < 0$ 时，$T_a < N$ 成立。

（3）当 $N \leqslant T_b$ 时，对式（4.14）求 TP_{14} 关于 T 的一阶与二阶导数，并令其一阶导数等于 0，可得最优补货周期，即：

$$T_{14}^* = \sqrt{\frac{2A/D + NI_p(1 - r)(p - c)(2M - N)}{h + pI_p}} \tag{4.30}$$

综上，可以得到定理 4.2。

定理 4.2 当 $M < N$ 时：

（1）若 $\Delta_8 \leqslant 0$，则零售商最高年总利润为 $TP(T^*) = TP(T_9^*)$，此时零售商最优订货周期为 $T^* = T_9^*$，最优订货量为 $Q^* = Q_9^*$。

（2）若 $\Delta_8 > 0$，$\Delta_9 \leqslant 0$ 且 $\Delta_{10} \geqslant 0$，则零售商最高年总利润为 $TP(T^*) = TP(T_{10}^*)$，此时零售商最优订货周期为 $T^* = T_{10}^*$，最优订货量为 $Q^* = Q_{10}^*$。

（3）若 $\Delta_8 > 0$，$\Delta_9 \leqslant 0$，$\Delta_{10} < 0$ 且 $\Delta_{11} \leqslant 0$，则零售商最高年总利润为 $TP(T^*) = TP(T_{11}^*)$，此时零售商最优订货周期为 $T^* = T_{11}^*$，最优订货量为 $Q^* = Q_{11}^*$。

（4）若 $\Delta_8 > 0$，$\Delta_9 > 0$，且 $\Delta_{12} > 0$，则零售商最高年总利润为 $TP(T^*) = TP(T_{12}^*) = TP(T_{10}^*)$，此时零售商最优订货周期为 $T^* = T_{12}^* = T_{10}^*$，最优订货量为 $Q^* = Q_{12}^* = Q_{10}^*$。

（5）若 $\Delta_8 > 0$，$\Delta_9 > 0$ 且 $\Delta_{12} \leqslant 0$，则零售商最高年总利润为 $TP(T^*) = TP(T_{13}^*) = TP(T_{11}^*)$，此时零售商最优订货周期为 $T^* = T_{13}^* = T_{11}^*$，最优订货量为 $Q^* = Q_{13}^* = Q_{11}^*$。

（6）若 $\Delta_8 > 0$，$\Delta_9 \leqslant 0$，$\Delta_{11} > 0$ 且 $2M > N$，则零售商最高年总利润为 $TP(T^*) = TP(T_{14}^*)$，此时零售商最优订货周期为 $T^* = T_{14}^*$，最优订货量为 $Q^* = Q_{14}^*$。

证明：由于证明过程同定理 4.1 证明过程类似，所以省略。

4.4 本章小结

本章分为三个部分，讨论了零售商面对同时存在信誉良好与信誉不良两种顾客情形下的订货策略，以零售商为不同信誉顾客提供不同的支付方式为切入点，分别进行了详细的分析。下面对本章节的主要内容总结如下：

（1）分析了由供应商、零售商和顾客组成的供应链系统中，存在两种不同信誉类型顾客的情况下，在考虑为不同顾客类型给予不同延期支付方式的基础上，确定零售商在接受和给予不同延期支付期限情形下的最优订货策略。

（2）通过建立不同情形下的订货模型，通过数学证明得到每种情况下的最优订货周期和最优订货量，并给出相应的定理。

两级延期支付下考虑顾客违约风险的
零售商订货策略

已有模型多是假定市场中顾客不存在违约的情形，但现实生活中顾客违约的情况是确实存在的，并且提供给顾客的延期支付期限越长，顾客违约的风险就越大。本章第 2 章文献综述和第 3 章基本理论总结的基础上，研究了在供应商提供给零售商部分延期支付策略，同时零售商提供给顾客部分延期支付的条件下，针对销售市场中顾客具有违约风险的情况，以零售商年总利润最大化为目标，对模型进行求解，并给出确定零售商最优订货策略，最后对零售商的订货策略进行分析。具体介绍如下。

5.1　问题描述、符号说明与假设条件

本章节表明了本章所要研究的具体问题，并给出相关的符号说明、问题描述和假设条件，便于进行分析问题以及构建零售商订货模型。详细介绍如下。

5.1.1　问题描述

本章的问题描述如图 5.1 所示，考虑由供应商、零售商和顾客组成的销

售单一产品的三级供应链，研究了两级部分延期支付条件下零售商的订货决策问题。其中，供应商在维持正常生产运营的同时，为增大销售量，会选择提供给零售商部分延期支付策略，同时零售商也会提供给顾客延期支付期限，并且随着提供给顾客的延期支付期限变长，顾客的需求就会逐渐变大，但同时也伴随着顾客违约风险的加大，且顾客违约风险是关于下游延期支付期限的函数，即下游延期支付期限越长，零售商所需承受顾客违约的风险就越大。因此，零售商在提供下游延期支付期限促进销售的同时，也会增加违约风险成本，需要权衡利弊，制订出最优的下游延期支付期限策略和订货策略。

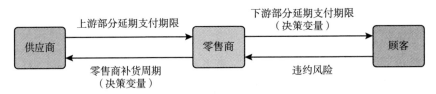

图 5.1　问题描述示意图

　　基于以上限定的市场环境，本章节以零售商年总利润最大化为目标，建立两级部分延期支付条件下零售商的订货模型，以求解出零售商在各阶段的最优订货周期和最优下游延期支付期限。

5.1.2　符号说明

　　本章节所使用的符号说明如下。为了后文表达方便，分别将函数 $D(N)$，$F(N)$ 和 $TP(T, N)$ 简写为 D，F 和 TP。"$*$"代表决策变量的最优值，例如，N^* 表示 N 的最优值。

- M：供应商提供给零售商的延期支付期限。
- N：零售商提供给顾客的延期支付期限（决策变量）。
- β：零售商向供应商购买产品时需要立即支付的货款比例，其中 $0 < \beta < 1$。

- α：顾客向零售商购买产品时需要立即支付的货款比例，其中 $0 < \alpha < 1$。
- c：每单位产品的购买成本。
- p：每单位产品的售价，其中 $p > c$。
- $D(N)$：产品年需求率。
- h：单位时间每单位产品的库存持有成本。
- A：每次的订货成本。
- T：零售商的补货周期（决策变量）。
- $TP(T, N)$：零售商年总利润。
- I_p：单位货币年利息支付率。
- I_e：单位货币年利息收益率。
- $F(N)$：与顾客延期支付期限相关的违约风险率。

5.1.3 假设条件

为便于建模进行相关分析，本章节在第 4 章假设条件的基础上增加如下假设：

（1）沿用雅吉等（Jaggi et al, 2008）[150]，彻恩等（Chern et al, 2008）[151] 和滕等（Teng et al, 2012）[152] 的假设，$D(N)$ 是一个关于下游延期支付期限的正指数函数，即

$$D(N) = ke^{aN} \tag{5.1}$$

其中，k 和 a 均为常数，且 $0 < a < 1$，$k > 0$。

（2）零售商提供给顾客的下游延期支付期限 N 越长，其所要承担的违约风险就越大。违约风险率假设为：

$$F(N) = 1 - e^{-bN} \tag{5.2}$$

其中，违约风险系数 b 为正的常数，且 $b > 0$[36]。

（3）零售商提供给顾客的延期支付期限为 N，因此，除去违约风险成本后零售商的净收入为：

$$pD(N)[1 - F(N)] = pke^{aN}e^{-bN} = pke^{(a-b)N} \tag{5.3}$$

5.2 零售商订货模型建立

本章节是在考虑顾客具有违约风险的情况下，建立两级部分延期支付下零售商的订货模型，详细说明如下。

5.2.1 目标函数

为便于建立并分析模型，除以上基本假设条件外，本章还给出如下条件：顾客对商品的立即支付款不少于零售商向供应商支付的立即支付款，即 $\alpha p \geq \beta c$。依据以上假设，构建零售商在已知购买成本、销售价格、上游供应商提供的延期支付期限和自身资金水平的条件下的利润函数。以确定最优订货周期，最优下游延期支付期限，使得其年总利润最大化。

零售商年总利润：$TP(T, N) =$ 销售利润（SP）– 订货成本（OC）– 库存成本（HC）– 利息支出（IP）+ 利息收益（IE）。

销售利润：$SP = pD(1 - F) - cD = pke^{(a-b)N} - cke^{aN}$。

年订货成本：$OC = \dfrac{A}{T}$。

年库存持有成本：$HC = \dfrac{hDT}{2} = \dfrac{hke^{aN}T}{2}$。

记 $T_a = \dfrac{\beta cT}{\alpha p}$，$T_b = \dfrac{\beta cT}{p} + (1 - \alpha)N$，具体含义和推导参见本书第 4 章的第 4.2.1 节。

零售商在接受供应商部分延期支付的同时为顾客提供部分延付款条件，由此涉及对销售收入利息的核算，因此，根据上游延期支付期限 M 和下游延期支付期限 N 之间的关系，将分为 $M > N$ 与 $M \leq N$ 两种情况进行具体分析。

5.2.2 情形一：零售商延期支付期限大于顾客延期支付期限（$M > N$）

基于 M（零售商获得的延期支付期限，即其必须支付给供应商全部货款的时间，否则将为未支付的货款支付利息费用），T（零售商补货周期），$T + N$（零售商从最后一个顾客收回货款的时间）之前的关系，与第 4 章相同，可以分为四种情况进行讨论，分别为①$N + T \leqslant M$；②$T \leqslant N < M \leqslant N + T$；③$N \leqslant T \leqslant M \leqslant N + T$；④$M \leqslant T$。下面对这四种子情形进行详细讨论。

5.2.2.1 子情形 1：$N + T \leqslant M$

在 $T + N$ 时零售商此时已收回全部货款，可以在 M 时刻直接支付给供应商，因此，此阶段不需要支付相关利息；但零售商在开始订货的时刻支付给供应商的立即支付货款是从银行贷款或从其他方式筹借，因此需要支付此部分货款相应的利息费。

（1）$N > T_a$。

零售商在 T_a 时刻，延期支付期限 M 之前，利用顾客立即支付的货款就可以偿清 β 比例的货款。零售商的现金变化趋势如图 5.2 所示。因此，零售商在 $[0, T_a]$ 时间段内需支付的利息为：$\dfrac{c\beta DTI_pT_a}{2}$。

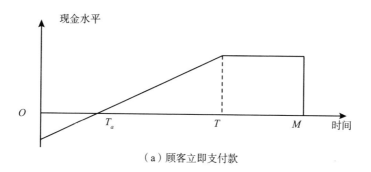

（a）顾客立即支付款

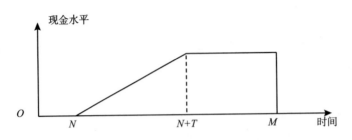

（b）顾客延期支付款

图5.2　当 $N+T \leqslant M$ 且 $N > T_a$ 时，零售商现金水平的变化

$(T_a, M]$ 时间内零售商在还清 β 比例的货款后收到顾客立即支付货款的利息收益为：

$$pI_e D\Big[\frac{\alpha(T-T_a)^2}{2} + \alpha(T-T_a)(M-T)\Big]$$

$[N, M]$ 时间段的利息收益：

$$pI_e D\Big[\frac{(1-\alpha)T^2}{2} + (1-\alpha)T(M-T-N)\Big]$$

故零售商的年总利润为：

$$TP_1 = SP - OC - HC + \frac{pI_e D}{T}\Big[\frac{\alpha(T-T_a)^2}{2} + \alpha(T-T_a)(M-T)\Big]$$

$$+ \frac{pI_e D}{T}\Big[\frac{(1-\alpha)T^2}{2} + (1-\alpha)T(M-T-N)\Big] - \frac{c\beta DI_p T_a}{2} \qquad (5.4)$$

（2）$N \leqslant T_b$。

零售商在 T_b 时刻还清 β 比例的货款，即零售商利用顾客的立即支付货款还未偿清 β 比例的货款时，就已收到顾客延期支付货款。故零售商此时的现金变化情况如图5.3所示。

由图5.3可知零售商相关利息收支如下：

$[0, T_b]$ 时段内还清 β 比例立即支付货款时的利息支出为：

$$\frac{1}{2}I_p D\beta cT T_b$$

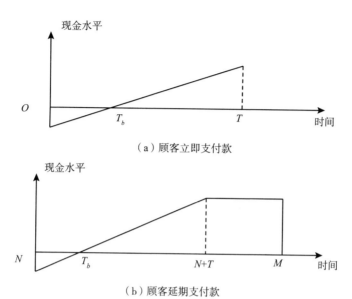

（a）顾客立即支付款

（b）顾客延期支付款

图 5.3 当 $N + T \leqslant M$ 且 $N \leqslant T_b$ 时，零售商现金水平的变化

$(T_b, T]$ 时段内顾客立即付款的利息收益：

$$\frac{1}{2} I_e D \alpha p (T - T_b)^2$$

$[N, T_b]$ 时段内延期付款利息支出：

$$\frac{1}{2} D I_p (T_b - N)(\beta cT - \alpha pN)$$

$(T_b, M]$ 时段内延期付款利息收益：

$$\frac{1}{2}(1 - \alpha) p I_e D (N + T - T_b)^2 + (DTp - \beta cDT)(M - N - T) I_e$$

故零售商年总利润为：

$$TP_2 = SP - OC - HC + \frac{I_e D \alpha p (T - T_b)^2}{2T} - \frac{D I_p (T_b - N)(\beta cT - \alpha pN)}{2T}$$

$$+ \frac{(1 - \alpha) p I_e D (N + T - T_b)^2}{2T} + (Dp - \beta cD)(M - N - T) I_e - \frac{I_p D \beta c T_b}{2}$$

$$(5.5)$$

5.2.2.2　子情形2：$T \leq N < M \leq N + T$

由于 $T \leq N$，则此时零售商利用顾客的立即支付货款就已偿清在开始时刻支付给供应商的立即支付的货款，但由于 $M \leq T + N$，所以零售商在供应商允许的延期支付期限 M 时刻结束时还未收回所有货款，故需为 M 时刻之后未收回的货款支付相应的利息费用。此情形下零售商的现金变化如图5.4所示。

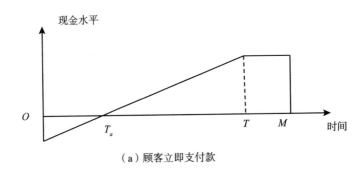

（a）顾客立即支付款

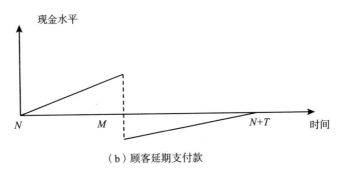

（b）顾客延期支付款

图5.4　当 $T \leq N < M \leq N + T$ 时，零售商现金水平的变化

由图5.4可知：

$[0，T_a]$ 时间段内零售商立即支付的利息支出为：

$$\frac{1}{2}c\beta DTI_p T_a$$

$(T_a，M]$ 时间段内零售商立即支付的利息收益为：

$$\alpha pI_e D \left[\frac{1}{2}(T - T_a)^2 + (T - T_a)(M - T) \right]$$

$[N, M]$ 时间段内零售商延期支付的利息收益为：

$$\frac{1}{2}(1-\alpha)pI_eD(M-N)^2$$

$(M, N+T]$ 时间段内零售商延期支付的利息支出为：

$$\frac{1}{2}(1-\alpha)cI_pD(N+T-M)^2$$

故零售商的年总利润为：

$$TP_3 = SP - OC - HC + \frac{\alpha pI_eD}{T}\left[\frac{1}{2}(T-T_a)^2 + (T-T_a)(M-T)\right]$$

$$+ \frac{(1-\alpha)pI_eD(M-N)^2}{2T} - \frac{(1-\alpha)cI_pD(N+T-M)^2}{2T} - \frac{I_pD\beta cT_a}{2}$$

$$(5.6)$$

5.2.2.3　子情形 3：$N \leqslant T \leqslant M \leqslant N+T$

根据顾客的延期支付期限与零售商利用顾客立即支付的产品货款还清供应商立即支付货款的时间之间的关系，将分为如下两部分进行具体分析。

（1）$N > T_a$。

零售商在此情形下的利息收益和支出与 $T \leqslant N \leqslant M \leqslant N+T$ 情形下相同，故零售商的年总利润函数公式也相同，即 $TP_4 = TP_3$。

（2）$N \leqslant T_b$。

零售商用顾客立即支付货款还未还清供应商立即支付的货款时就已收到顾客的延期支付货款，因此，此情形下零售商的现金变化如图 5.5 所示。

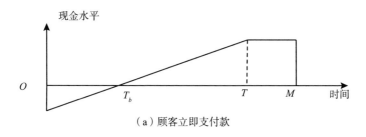

（a）顾客立即支付款

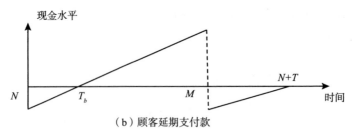

（b）顾客延期支付款

图5.5 当 $N \leqslant T \leqslant M \leqslant N+T$ 且 $N \leqslant T_b$ 时，零售商现金水平的变化

由图 5.5 可知：

$[0, T_b]$ 时间段内零售商立即支付利息支出为：

$$\frac{1}{2}c\beta DTI_p T_b$$

$(T_b, M]$ 时间段内立即支付的利息收益为：

$$\alpha p I_e D(T - T_b)\left[\frac{1}{2}(T - T_b) + (M - T)\right]$$

$[N, T_b]$ 时间段内延期支付的利息支出：

$$\frac{1}{2}DI_p(T_b - N)(\beta cT - \alpha pN)$$

$(T_b, M]$ 时间段内延期支付的利息收益：

$$\frac{1}{2}(1 - \alpha)(M - T_b)^2 pDI_e$$

$(M, N+T]$ 时间段内延期支付的利息支出：

$$\frac{1}{2}I_p cD(1 - \alpha)(N + T - M)^2$$

故零售商的年总利润函数为：

$$TP_5 = SP - OC - HC - \frac{c\beta DI_p T_b}{2} + \frac{\alpha p I_e D(T - T_b)}{T}\left[\frac{(T - T_b)}{2} + (M - T)\right]$$

$$- \frac{1}{2T}DI_p(T_b - N)(\beta cT - \alpha pN) + \frac{1}{2T}(1 - \alpha)(M - T_b)^2 pDI_e$$

$$- \frac{1}{2T}I_p cD(1 - \alpha)(N + T - M)^2 \tag{5.7}$$

5.2.2.4　子情形 4：$M \leq T$

由于零售商须在 M 时刻交付所有产品的延期支付货款，但零售商在 $N + T$ 时刻才能收回所有产品的销售收入，因此，零售商在 M 时刻之前，偿清供应商的立即支付货款后余下的资金可以赚取相应的收益，而在 M 时刻之后，零售商需为未能支付的货款支付相应的利息费用。具体分析如下。

（1）$N > T_a$。

此情形零售商的现金变化如图 5.6 所示。

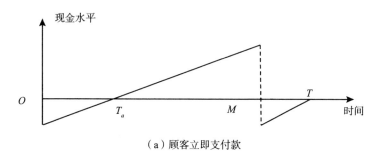

（a）顾客立即支付款

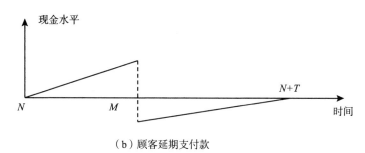

（b）顾客延期支付款

图 5.6　当 $N < M \leq T$ 且 $N > T_a$ 时，零售商现金水平的变化

由图 5.6 可知：

零售商在 $[0, T_a]$ 时间段内立即支付利息支出：

$$\frac{1}{2} c\beta DTI_p T_a$$

$(M, T]$ 时间段内立即支付利息支出：

$$\frac{1}{2}\alpha c I_p D(T-M)^2$$

$(T_a, M]$ 时间段内立即支付利息收益：

$$\frac{1}{2}\alpha p I_e D(M-T_a)^2$$

$[N, M]$ 时间段内延期支付利息收益：

$$\frac{1}{2}(1-\alpha)p I_e D(M-N)^2$$

$(M, N+T]$ 时间段内延期支付利息支出：

$$\frac{1}{2}(1-\alpha)c I_p D(N+T-M)^2$$

故零售商年总利润函数为：

$$TP_6 = SP - OC - HC - \frac{1}{2}c\beta D I_p T_a - \frac{1}{2T}\alpha c I_p D(T-M)^2 + \frac{1}{2T}\alpha p I_e D(M-T_a)^2$$

$$+ \frac{1}{2T}(1-\alpha)p I_e D(M-N)^2 - \frac{1}{2T}(1-\alpha)c I_p D(N+T-M)^2 \qquad (5.8)$$

（2）$N \leqslant T_b < M$。

此情形下零售商利用顾客的立即支付货款还未偿清 β 比例的立即支付的货款时，就已收到部分顾客在 N 时刻之后支付的延期货款。故零售商偿还 β 比例货款的资金是由顾客立即支付与延期支付两部收入组成。因此，零售商的现金变化如图 5.7 所示。

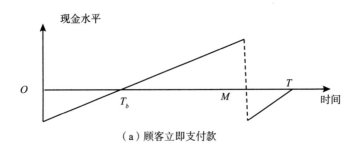

（a）顾客立即支付款

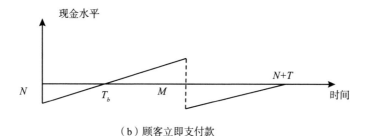

（b）顾客立即支付款

图 5.7　当 $N < M \leqslant T$ 且 $N \leqslant T_b < M$ 时，零售商现金水平的变化

由图 5.7 可知：

$[0，T_b]$ 时间段内零售商立即支付利息支出：

$$\frac{1}{2}\beta c TI_p D T_b$$

$(T_b，M]$ 时间段内立即支付利息收益：

$$\frac{1}{2}\alpha p I_e D (M - T_b)^2$$

$(M，T]$ 时间段内立即支付利息支出：

$$\frac{1}{2}\alpha c D I_p (T - M)^2$$

$[N，T_b]$ 时间段内延期支付利息支出：

$$\frac{1}{2}D I_p (T_b - N)(\beta c T - \alpha p N)$$

$(T_b，M]$ 时间段内延期支付利息收益：

$$\frac{1}{2}(1 - \alpha)p I_e D (M - T_b)^2$$

$(M，N + T]$ 时间段内延期支付利息支出：

$$\frac{1}{2}(1 - \alpha)c D I_p (N + T - M)^2$$

故零售商年总利润函数为：

$$TP_7 = SP - OC - HC + \frac{1}{2T}p I_e D (M - T_b)^2 - \frac{1}{2T}(T - M)^2 \alpha c D I_p$$

$$-\frac{1}{2T}DI_p(T_b-N)(\beta cT-\alpha pN)-\frac{1}{2T}(1-\alpha)cDI_p(N+T-M)^2$$

$$-\frac{1}{2}\beta cI_pDT_b \tag{5.9}$$

（3）$M\leqslant T_b$。

此情形下，零售商在未偿清 β 比例立即支付货款时，就需在允许的延期支付期限 M 结束时支付给供应商延期货款，故此情形下零售商无相关的利息收益，现金变化趋势如图5.8所示。

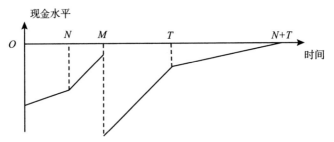

图5.8 当 $N<M\leqslant T$ 且 $M\leqslant T_b$ 时，零售商现金水平的变化

零售商此情形下的利息支出具体如下：

$[0,N]$ 时间段内利息支出：

$$\left(\beta cT-\frac{1}{2}\alpha pN\right)NI_pD$$

$(N,M]$ 时间段内利息支出：

$$\frac{1}{2}(2\beta cDT-pDN-pDM)I_p(M-N)$$

$(M,T]$ 时间段内利息支出：

$$\frac{1}{2}[2(1-\alpha)cDN+cD(T-M)](T-M)I_p$$

$(T,T+N]$ 时间段内利息支出：

$$\frac{1}{2}(1-\alpha)I_pcDN^2$$

故零售商年总利润函数为:

$$TP_8 = SP - OC - HC - \frac{1}{2T}\big[2(1-\alpha)cDN + cD(T-M)\big](T-M)I_p$$

$$- \left(\beta c - \frac{1}{2T}\alpha pN\right)NI_pD - \frac{1}{2T}(1-\alpha)I_pcDN^2$$

$$- \frac{1}{2T}(2\beta cDT - pDN - pDM)I_p(M-N) \tag{5.10}$$

5.2.3 情形二:零售商延期支付期限不大于顾客延期支付期限 ($M \leqslant N$)

与本书第 4 章相同,根据零售商获得的延期支付期限(M)、补货周期(T)以及顾客的延期支付期限(N)之间的关系,可以分为三种子情况进行具体分析,分别为:①$T \leqslant M \leqslant N$;②$M \leqslant T \leqslant N$;③$M \leqslant N \leqslant T$。下面对这三种子情形进行详细讨论。

5.2.3.1 子情形 1:$T \leqslant M \leqslant N$

由于 $M \geqslant T$,所以 $M \geqslant T_a$,即零售商在(T_a,M]区间内会获得相应的利息收益。零售商的现金变化如图 5.9 所示。

由图 5.9 可知:

[0,T_a]时间段内零售商立即支付利息支出为:

$$\frac{1}{2}c\beta DTI_pT_a$$

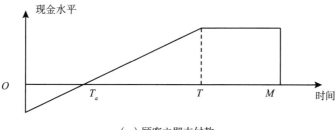

（a）顾客立即支付款

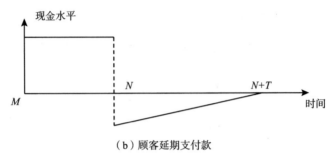

（b）顾客延期支付款

图 5.9　当 $T \leqslant M \leqslant N$ 时，零售商现金水平的变化

$(T_a, M]$ 时间段内立即支付利息收益：

$$\alpha p I_e D(T - T_a)\left[\frac{1}{2}(T - T_a) + (M - T)\right]$$

$[M, N + T]$ 时间段内延期支付利息支出：

$$(1 - \alpha)cI_pDT(N - M) + \frac{(1 - \alpha)}{2}cI_pDT^2$$

故零售商年总利润函数为：

$$TP_9 = SP - OC - HC - \frac{1}{2}c\beta DI_p T_a - \frac{1}{2}(1 - \alpha)cI_pDT$$

$$+ \frac{1}{T}\alpha p I_e D(T - T_a)\left[\frac{1}{2}(T - T_a) + (M - T)\right] - (1 - \alpha)cI_pD(N - M)$$

$$(5.11)$$

5.2.3.2　子情形 2：$M \leqslant N \leqslant T$

由于 $M < N \leqslant T$，所以依据零售商利用顾客立即支付的货款来偿清 β 比例立即支付货款的时间 T_a，可以分为 $T_a \leqslant M \leqslant N$，$M \leqslant T_a < N$ 以及 $N \leqslant T_b$ 三种情况进行分析。

（1）$T_a \leqslant M \leqslant N$。

零售商在供应商提供的延期支付期限内，利用顾客的立即支付货款已偿清在开始订货时刻支付给供应商的立即支付的货款及相应的利息，所以零售商在 $[T_a, M]$ 区间内会获得相应的利息收益，而在延迟支付期限 M 之后要为未支付给供应商的延期货款支付相应的利息费。因此，此情形下零售商的现金变化如图 5.10 所示。

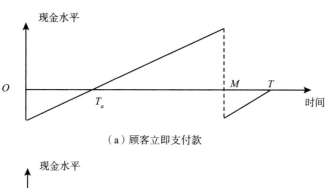

（a）顾客立即支付款

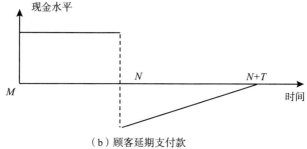

（b）顾客延期支付款

图 5.10　当 $M \leqslant N \leqslant T$ 且 $T_a \leqslant M \leqslant N$ 时，零售商现金水平的变化

由图 5.10 可知：

$[0, T_a]$ 时间段内零售商立即支付利息支出为：

$$\frac{1}{2} c\beta DTI_p T_a$$

$(T_a, M]$ 时间段内内立即支付利息收益为：

$$\frac{1}{2} \alpha p I_e D (M - T_a)^2$$

$(M, T]$ 时间段内立即支付利息支出为：

$$\frac{1}{2} \alpha c I_p D (T - M)^2$$

$[M, N+T]$ 时间段内延期支付总利息支出为：

$$(1 - \alpha) c I_p DT (N - M) + \frac{1}{2}(1 - \alpha) c I_p DT^2$$

故零售商年总利润函数为:

$$TP_{10} = SP - OC - HC - \frac{1}{2}c\beta DI_pT_a + \frac{\alpha pI_eD}{2T}(M-T_a)^2 - \frac{\alpha cI_pD}{2T}(T-M)^2$$

$$- (1-\alpha)cI_pD(N-M) - \frac{1}{2}(1-\alpha)cI_pDT \qquad (5.12)$$

(2) $M \leqslant T_a < N_{\circ}$

此情形下零售商在未还清 β 比例立即支付货款时,就需支付给供应商延期支付货款,因此,此情形下零售商无相关利息收益,现金变化趋势如图 5.11 所示。

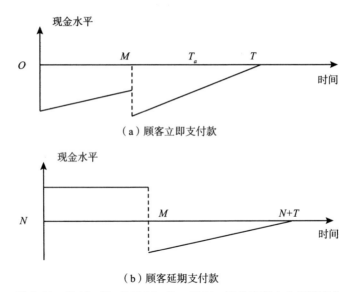

(a)顾客立即支付款

(b)顾客延期支付款

图 5.11　当 $M \leqslant N \leqslant T$ 且 $M \leqslant T_a < N$ 时,零售商现金水平的变化

由图 5.11 可知:

[0, M] 时间段内零售商立即支付利息支出为:

$$\left(\beta cT - \frac{1}{2}\alpha pM\right)MI_pD$$

(M, T] 时间段内零售商立即支付利息支出为:

$$\frac{1}{2}\alpha cDI_p(T-M)^2$$

$[M,N+T]$ 时间段内零售商延期支付利息支出为：

$$\frac{1}{2}(1-\alpha)cI_pDT^2+(1-\alpha)cI_pDT(N-M)$$

故零售商年总利润函数为：

$$TP_{11}=SP-OC-HC-\left(\beta c-\frac{\alpha pM}{2T}\right)MI_pD-\frac{\alpha cDI_p}{2T}(T-M)^2$$

$$-\frac{1}{2}(1-\alpha)cI_pDT-(1-\alpha)cI_pD(N-M) \tag{5.13}$$

（3） $N\leqslant T_b$。

由于 $M\leqslant N$，$N\leqslant T_b$ 所以 $N\leqslant T_b$，即零售商在利用顾客立即支付货款未还清 β 比例立即支付货款时，就需在 M 时刻支付给供应商延期支付货款，因此，零售商在此情形下无利息收益，现金变化趋势如图 5.12 所示。

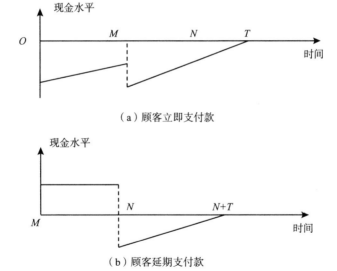

（a）顾客立即支付款

（b）顾客延期支付款

图 5.12　当 $M\leqslant N\leqslant T$ 且 $N\leqslant T_b$ 时，零售商现金水平的变化

如图 5.12 可知，零售商立即支付利息支出具体如下：

$[0,M]$ 时间段内利息支出为：

$$\frac{1}{2}(2\beta cDT - \alpha pDM)MI_p$$

$(M, T]$ 时间段内利息支出为:

$$\frac{1}{2}\alpha cDI_p(T - M)^2$$

$[M, N+T]$ 时间段内延期支付的利息支出为:

$$(1 - \alpha)cDT(N - M)I_p + \frac{1}{2}(1 - \alpha)cI_pDT^2$$

故零售商年总利润函数为:

$$TP_{12} = SP - OC - HC - \frac{MI_p}{2T}(2\beta cDT - \alpha pDM) - \frac{1}{2}(1 - \alpha)cDTI_p$$

$$- \frac{\alpha cDI_p}{2T}(T - M)^2 - (1 - \alpha)cD(N - M)I_p \tag{5.14}$$

由以上第二种情况下的 $M \leq T_a < N$ 与 $N \leq T_b$ 两种情形的具体分析可知,零售商在这两种情形下的年总利润函数相同,即 $TP_{12} = TP_{11}$。

5.2.3.3 子情形3: $M \leq T \leq N$

根据供应商提供给零售商的延期支付期限与零售商还清 β 比例立即支付货款时间之间的关系,分为如下 $M \geq T_a$ 与 $M < T_b$ 两种情况进行具体分析。根据第4章的具体分析,我们可知当 $M \geq T_a$ 时,零售商的年总利润函数与 $M \leq N \leq T$ 内 $T_a \leq M \leq N$ 的情形相同,即 $TP_{13} = TP_{10}$;当 $M < T_a$ 时,零售商的年总利润函数与 $M \leq N \leq T$ 内 $M \leq T_a < N$ 的情形相同,即 $TP_{14} = TP_{11}$。

故由 $M \leq N$ 情形下的第二种情况与第三种情况的利润模型可知,当 $M \leq T$ 时,若 $M \geq T_a$,则零售商利润函数均为 TP_{10};若 $M < T_b$,则零售商利润函数均为 TP_{11},即当 $M \leq T$ 时,N 与 T_a 的大小关系并不影响零售商的利润。

5.3 零售商最优订货策略求解

本章节主要是对上一节的订货模型进行分析,求出零售商的最优补货周期和最优下游延期支付期限并根据分析结果给出相应的定理、确定零售商的最优订货策略，为零售商在订货过程中提供参考。

为求零售商的最优补货周期和最优下游延期支付期限，需根据以上不同情况下零售商的目标函数，分别求解最优解。为解决此问题，本章节应用坎比尼和马丁（Cambini and Martein）[153]对于凹分式规划的理论：令实值函数

$$q(x) = \frac{f(x)}{g(x)} \tag{5.15}$$

若 $f(x)$ 是可微的凹函数，同时 $g(x)$ 是大于零且可微的凸函数，则 $q(x)$ 是拟凹函数。对于任意给定的 N，应用式（5.15），可以证明零售商的最优年总利润 $TP_i(T, N)$（$i = 1, 2, \cdots, n$）是关于 T 的严格拟凹函数。因此，对于任意给定的 N，存在唯一最优解 T_i^* 使 $TP_i(T, N)$ 最大。具体分析如下。

5.3.1 零售商延期支付期限大于顾客延期支付期限（$M > N$）的模型求解

应用式（5.15）关于凹函数的理论，可证在 $M \geqslant N$ 情形下，零售商的年总利润 $TP_i(T, N)$ 是关于 T 的严格拟凹函数。因此，为得到 T_i^*，需求 $TP_i(T, N)$ 关于 T 的偏导数并令其等于 0。

5.3.1.1 子情形 1：$N + T \leqslant M$

（1）当 $N > T_a$ 时，应用式（5.4），求 $TP_1(T, N)$ 关于 T 的一阶与二阶偏导，整理得：

$$\frac{\partial TP_1}{\partial T} = \frac{A}{T^2} - \frac{hke^{aN}}{2} - \frac{ke^{aN}I_p\beta^2 c^2}{\alpha p} + \frac{(\alpha p - \beta c)^2 I_e ke^{aN}}{2\alpha p}$$

$$- I_e ke^{aN}(\alpha p - \beta c) - \frac{(1 - \alpha)pI_e ke^{aN}}{2} \tag{5.16}$$

$$\frac{\partial^2 TP_1}{\partial T^2} = -\frac{2A}{T^3} \tag{5.17}$$

由式（5.17）可知$\dfrac{\partial^2 TP_1}{\partial T^2} = -\dfrac{2A}{T^3} < 0$，令式（5.17）等于0，可得零售商此情形下的最优补货时间，即

$$T_1^* = \sqrt{\dfrac{2A\alpha p}{2DI_p(\beta c)^2 + \alpha p^2 I_e D + hD\alpha p - (\beta c)^2 I_e D}} \qquad (5.18)$$

为确保$N + T_1^* \leqslant M$与$N > T_a^*$同时成立，将式（5.18）分别代入$N + T \leqslant M$与$N > T_a$内，可得当且仅当$\Delta_1 = (M - N)^2 \left[(h + pI_e) D\alpha p - (I_e - 2I_p) D(\beta c)^2 \right] - 2A\alpha p \geqslant 0$和$\Delta_2 = N^2 \left[(h + pI_e) D(\alpha p)^2 - (I_e - 2I_p) \alpha p D(\beta c)^2 \right] - 2A(\beta c)^2 > 0$时，$N + T_1^* \leqslant M$与$N > T_a^*$同时成立。

对于任意给定的补货周期T，求$TP_1(T, N)$关于N的一阶偏导，并令其偏导数等于0可得到N_1^*，整理得：

$$\begin{aligned}
\dfrac{\partial TP_1}{\partial N} &= (a - b)pke^{(a-b)N} - acke^{aN} - \dfrac{1}{2}ahTke^{aN} \\
&\quad + aI_e ke^{aN}\left[\dfrac{(\alpha p - \beta c)^2 T}{2\alpha p} + (\alpha p - \beta c)(M - T) \right] \\
&\quad + apI_e ke^{aN}\left[\dfrac{(1 - \alpha)T}{2} + (1 - \alpha)(M - T - N) \right] \\
&\quad - (1 - \alpha)pI_e ke^{aN} - \dfrac{a(\beta c)^2 ke^{aN} I_p T}{2\alpha p} = 0
\end{aligned} \qquad (5.19)$$

求$TP_1(T, N)$关于N的二阶偏导，整理得：

$$\begin{aligned}
\dfrac{\partial^2 TP_1}{\partial N^2} &= (a - b)^2 pke^{(a-b)N} - a^2 cke^{aN} - \dfrac{1}{2}a^2 hTke^{aN} \\
&\quad + a^2 I_e ke^{aN}\left[\dfrac{(\alpha p - \beta c)^2 T}{2\alpha p} + (\alpha p - \beta c)(M - T) \right] \\
&\quad + a^2 pI_e ke^{aN}\left[\dfrac{(1 - \alpha)T}{2} + (1 - \alpha)(M - T - N) \right] \\
&\quad - 2a(1 - \alpha)pI_e ke^{aN} - \dfrac{(a\beta c)^2 ke^{aN} I_p T}{2\alpha p}
\end{aligned} \qquad (5.20)$$

为判断N_1^*是0或者正值，通过式（5.19）定义判别式Δ_{N_1}，即

$$\Delta_{N_1} = (a - b)p - ac - \dfrac{1}{2}ahT - \dfrac{a(\beta c)^2 I_p T}{2\alpha p} + (1 - \alpha)pI_e\left[a\left(M - \dfrac{T}{2} \right) - 1 \right]$$

$$+ aI_e \left[(\alpha p - \beta c) M + \frac{(\beta c)^2 - (\alpha p)^2}{2 \alpha p} T \right] \tag{5.21}$$

定理 5.1：

（1）对于任意给定的 N，TP_1 是关于 T 的严格凹函数，因此当零售商补货周期为 T_1^* 时，TP_1 最大。

（2）对于任意给定的零售商补货周期 $T(T > 0)$，若 $(a - b)^2 p - a^2 c \leq 0$ 且 $pI_e \left[a^2 M - \frac{1}{2} a^2 T - (1 - \alpha) a^2 N - 2(1 - \alpha) a \right] - a^2 \beta c I_e M - \frac{1}{2} a^2 h T \leq 0$，则可得：

（a）TP_1 是关于 N 的严格凹函数，因此存在 N_1^* 时使得 TP_1 最大；

（b）如果 $\Delta_{N_1} \leq 0$，当 $N_1^* = 0$ 时，TP_1 最大；

（c）如果 $\Delta_{N_1} > 0$，存在唯一 $N_1^* > 0$ 使得 TP_1 最大。

证明：

（1）根据坎比尼和马丁（Cambini and Martein）[153] 关于凹函数的理论，通过式（5.4）定义 $f_1(x)$，即：

$$f_1(x) = Tpke^{(a-b)N} - Tcke^{aN} - A - \frac{hDT^2}{2}$$

$$+ pI_e DT \left[\frac{(1 - \alpha) T}{2} + (1 - \alpha)(M - T - N) \right] - \frac{(\beta c)^2 I_p DT^2}{2 \alpha p}$$

$$+ pI_e D \left[\frac{(\alpha p - \beta c)^2 T^2}{2 \alpha p^2} + \left(\frac{\alpha p - \beta c}{p} T \right)(M - T - N) \right] \tag{5.22}$$

$$g_1(x) = T \tag{5.23}$$

对式（5.22）求 $f_1(x)$ 关于 $g_1(x)$ 的一阶与二阶导数，整理如下：

$$f_1'(x) = pke^{(a-b)N} - cke^{aN} - hDT - \frac{(\beta c)^2 I_p DT}{\alpha p} + I_e DT \frac{(\alpha p - \beta c)^2}{\alpha p}$$

$$+ I_e D(\alpha p - \beta c) M - 2I_e D(\alpha p - \beta c) T + pI_e D(1 - \alpha)(M - N) \tag{5.24}$$

$$f_1''(x) = - \frac{(\beta c)^2 DI_p}{\alpha p} + \frac{(\alpha p - \beta c)^2 DI_e}{\alpha p} - 2(\alpha p - \beta c) DI_e - hD < 0 \tag{5.25}$$

因此，$TP_1(T, N) = \dfrac{f_1(T)}{g_1(T)}$ 是关于 T 的严格拟凹函数，故定理 5.1 中 (1) 得证。

(2) 根据式 (5.19) 定义 $B(N)$，即

$$B(N) = (a - b)pke^{(a-b)N} - acD - \frac{1}{2}ahTD - (1 - \alpha)pI_eD$$

$$- \frac{a(\beta c)^2 DI_pT}{2\alpha p} + aI_eD\left[\frac{(\alpha p - \beta c)^2 T}{2\alpha p} + (\alpha p - \beta c)(M - T)\right]$$

$$+ apI_eD(1 - \alpha)\left[\frac{T}{2} + (M - T - N)\right] \qquad (5.26)$$

因此，根据式 (5.19) 和式 (5.21) 可以得到 $B(0) = k\Delta_{N_1}$，同时可得

$$\lim_{N \to \infty} B(N) = \lim_{N \to \infty} ke^{aN}\left\{(a - b)pke^{-bN} - ac - \frac{ahT}{2} - \frac{a(\beta c)^2 I_pT}{2\alpha p}\right.$$

$$+ aI_e\left[\frac{(\alpha p - \beta c)^2 T}{2\alpha p} + (\alpha p - \beta c)(M - T)\right] + apI_e\left[(1 - \alpha)\frac{T}{2}\right.$$

$$\left.- (1 - \alpha)(N + T - M)\right] - (1 - \alpha)pI_e\right\} = -\infty \qquad (5.27)$$

由式 (5.20) 与 $N + T \leq M$ 且 $N > T_a$ 的条件，可以得到：若 $(a - b)^2 p - a^2c \leq 0$ 且 $pI_e\left[a^2M - \frac{1}{2}a^2T - (1 - \alpha)a^2N - 2(1 - \alpha)a\right] - a^2\beta cI_eM - \frac{1}{2}a^2hT \leq 0$ 时，则

$$\frac{dB(N)}{dN} = (a - b)^2 pke^{(a-b)N} - a^2cke^{aN} - \frac{1}{2}a^2hTke^{aN} - 2a(1 - \alpha)pI_eke^{aN}$$

$$- \frac{(a\beta c)^2 ke^{aN}I_pT}{2\alpha p} + a^2I_eD\left[\frac{(\alpha p - \beta c)^2 T}{2\alpha p} + (\alpha p - \beta c)(M - T)\right]$$

$$+ a^2pI_eD(1 - \alpha)\left[\frac{T}{2} + (M - T - N)\right] \leq (a - b)^2 p - a^2c \leq 0$$

$$(5.28)$$

因此，定理 5.1 中 (2a) 得证。

若 $\Delta_{N_1} \leq 0$，则 $B(0) \leq 0$，即对于所有的 $N > 0$，$TP_1(T, N)$ 是关于 N 的减函数，因此，零售商最优下游信用期为 $N_1^* = 0$，定理 5.1 中 (2b) 得证。

若 $\Delta_{N_1} > 0$，则 $B(0) > 0$，并且 $\lim\limits_{N \to \infty} B(N) = -\infty$，通过均值定理理论和 (2a) 部分的理论，可知存在唯一 N_1^*（$N_1^* > 0$）使 $TP_1(T, N)$ 值最大。定理 5.1 中 (2c) 得证。

证毕。

(2) 当 $N \leqslant T_b$ 时，通过凹规划理论可得 $TP_2(T, N)$ 是关于 T 的凹函数，为求最优解 T_2^*，需求式 (5.5) 关于 T 的一阶偏导，并令其导数等于 0。即

$$\frac{\partial TP_2}{\partial T} = \frac{A}{T^2} - \frac{Dh}{2} - \frac{(\beta c)^2 I_p D}{p} + \frac{(p - \beta c)^2 I_e D}{2p} - (p - \beta c) I_e D$$

$$- \frac{p I_e D \alpha N^2}{2T^2} + \frac{(I_p + I_e) D (\alpha N)^2 p}{2T^2} \tag{5.29}$$

故可得最优解 T_2^*，即

$$T_2^* = \sqrt{\frac{2Ap - (pN)^2 I_e D\alpha + (\alpha pN)^2 D(I_e + I_p)}{2DI_p(\beta c)^2 + hDp - [p^2 - (\beta c)^2] I_e D}} \tag{5.30}$$

对于任意给定的补货周期 T，求 $TP_2(T, N)$ 关于 N 的一阶偏导，并令其偏导数等于 0 可得到：

$$\frac{\partial TP_2}{\partial N} = (a - b) pk e^{(a-b)N} - acD - \frac{1}{2} ahTD + \frac{aTD}{2p} [I_e(p - \beta c) - 2I_p(\beta c)^2]$$

$$+ \frac{\alpha pND}{2T} [I_e(1 - \alpha) - \alpha I_p](2 + aN)$$

$$+ D\left\{ I_e[(1 + \alpha)\beta c - p] - \frac{1}{2}(1 - \alpha)\beta c I_p \right\}$$

$$+ aD\left\{ I_e[\alpha\beta cN - (p - \beta c)(M - T - N)] - \frac{1}{2}(1 - \alpha)\beta c I_p N \right\}$$

$$= 0 \tag{5.31}$$

求 $TP_2(T, N)$ 关于 N 的二阶偏导，整理得：

$$\frac{\partial^2 TP_2}{\partial N^2} = (a - b)^2 pk e^{(a-b)N} - a^2 cD - \frac{1}{2} a^2 hTD$$

$$+ aD\left\{ I_e[(1 + \alpha)\beta c - p] - \frac{1}{2}(1 - \alpha)\beta c I_p \right\}$$

$$+ aD\left\{ I_e[\alpha\beta c - (p - \beta c)] - \frac{1}{2}(1 - \alpha)\beta c I_p \right\}$$

$$+ \frac{a^2TD}{2p}\left[I_e(p-\beta c)^2 - 2I_p(\beta c)^2\right]$$

$$+ a^2D\left\{I_e\left[\alpha\beta cN - (p-\beta c)(M-T-N)\right] - \frac{1}{2}(1-\alpha)\beta cI_pN\right\}$$

$$+ \frac{\alpha pD}{T}\left[I_e(1-\alpha) - \alpha I_p\right]\left[1 + 2aN + \frac{1}{2}(aN)^2\right] \tag{5.32}$$

为判断 N_2^* 是 0 或者正值，通过式（5.31）定义判别式 Δ_{N_2}，即

$$\Delta_{N_2} = (a-b)p - ac - \frac{1}{2}ahT - \frac{aT}{2p}\left[I_e(p-\beta c)^2 - 2I_p(\beta c)^2\right]$$

$$+ I_e\left[(\alpha+1)\beta c - p\right] - \frac{1}{2}(1-\alpha)\beta cI_p + a\left[I_e(p-\beta c)(M-T)\right]$$

$$\tag{5.33}$$

定理 5.2：

（1）对于任意给定的 N，TP_2 是关于 T 的严格凹函数，因此当零售商补货周期为 T_2^* 时，TP_2 最大。

（2）对于任意给定的零售商补货周期 $T(T>0)$，如果 $(a-b)^2p - a^2c \leq 0$ 且 $a^2\left[2\alpha\beta cNT + \alpha PN^2 - (p-\beta c)^2T^2\right] + a(4\alpha\beta cT + 4\alpha pN) - a^2hT^2 \leq 0$，则可得：

（a）TP_2 是关于 N 的严格凹函数，因此存在 N_2^* 时使得 TP_2 最大；

（b）如果 $\Delta_{N_2} \leq 0$，当 $N_2^* = 0$ 时，TP_2 最大；

（c）如果 $\Delta_{N_2} > 0$，存在唯一 $N_2^* > 0$ 使得 TP_2 最大。

证明：由于证明过程与定理 5.1 相同，所以省略。

5.3.1.2 子情形 2：$T \leq N < M \leq T + N$

当 T 确定时，求 TP_3 关于 N 的一阶偏导，并令其等于 0，可得最优解 N_3^*，并可定义判别式 Δ_{N_3}，即

$$\frac{\partial TP_3}{\partial N} = \frac{aD}{2T}\left\{\alpha pI_e\left[(T-T_a)^2 + 2(T-T_a)(M-T)\right] - 2(1-\alpha)pI_eMN\right.$$

$$\left. - 2(1-\alpha)cI_pN\right\} + \frac{aD}{2T}(1-\alpha)\left\{pI_e(M^2+N^2) - cI_p\left[(T-M)^2\right.\right.$$

$$\left.\left. + N^2\right]\right\} - \frac{1}{2}ahTD + (a-b)pke^{(a-b)N} + \frac{D}{T}(1-\alpha)\left[pI_e(N-M)\right.$$

$$-cI_p(T-M+N)\big]-\frac{1}{2}a\beta cDI_pT_a-acD$$

$$=0 \tag{5.34}$$

$$\Delta_{N_3}=(a-b)p-ac-\frac{1}{2}ahT-\frac{a\beta cI_pT_a}{2}+\frac{a\alpha pI_e}{2T}\big[(T-T_a)^2+2(T-T_a)(M-T)\big]$$

$$+\frac{a(1-\alpha)}{2T}\big[pI_eM^2-cI_p(T-M)^2\big]-\frac{(1-\alpha)}{T}\big[pI_eM+cI_p(T-M)\big] \tag{5.35}$$

同理，当 N 确定时，可得最优解 T_3^*，并可定义判别式 Δ_3，即

$$T_3^*=\sqrt{\dfrac{2A-(pI_e-cI_p)(1-\alpha)D(M-N)^2}{hD+DI_p\Big[\dfrac{(\beta c)^2}{(\alpha p)}+(1-\alpha)c\Big]-I_eD(\alpha p-\beta c)(\alpha p-\beta c+2)}} \tag{5.36}$$

$$\Delta_3=N^2D\Big\{h+I_p\Big[\dfrac{(\beta c)^2}{(\alpha p)}-(1-\alpha)c\Big]-I_e(\alpha p-\beta c)(\alpha p-\beta c+2)\Big\}$$

$$-\big[2A-(pI_e-cI_p)(1-\alpha)D(M-N)^2\big] \tag{5.37}$$

定理 5.3：

（1）对于任意给定的 N，TP_3 是关于 T 的严格凹函数，因此当零售商补货周期为 T_3^* 时，TP_3 最大。

（2）对于任意给定的 $T(T>0)$，如果 $(a-b)^2p-a^2c\leqslant0$，则可得：

（a）TP_3 是关于 N 的严格凹函数，因此存在 N_3^* 时使得 TP_3 最大；

（b）如果 $\Delta_{N_3}\leqslant0$，当 $N_3^*=0$ 时，TP_3 最大；

（c）如果 $\Delta_{N_3}>0$，存在唯一 $N_3^*>0$ 使得 TP_3 最大。

证明：由于证明过程与定理 5.1 相同，所以省略。

5.3.1.3 子情形 3：$N\leqslant T\leqslant M\leqslant T+N$

当 $N>T_a$ 时，对应的零售商的最优解与第二种情况的情形相同；当 $N\leqslant T_b$ 时，当 T 确定时，求 TP_5 关于 N 的一阶偏导，并令其等于 0，可得最优解 N_5^*，并可定义判别式 Δ_{N_5}，即

$$\frac{\partial TP_5}{\partial N}=(a-b)pke^{(a-b)N}-acD-\frac{1}{2}ahTD-\frac{1}{2}(1-\alpha)\beta cI_pD(aN+1)$$

$$+ \alpha\beta cI_pD(1+a) + \frac{(1-\alpha)^3 pI_eDN}{T}\left(1+\frac{1}{2}aN\right)$$

$$-\frac{a(1-\alpha)cI_pD}{2T}\left[N^2 + (T-M)^2\right] - \frac{\alpha pI_eD(M-T)(1-\alpha)(aN+1)}{T}$$

$$-\alpha I_eD(1-\alpha)(p-\beta c)(aN+1) + \frac{\alpha pI_eD(1-\alpha)^2 N}{T}\left(1+\frac{1}{2}aN\right)$$

$$-\frac{\alpha^2 pI_pDN}{T}\left(1+\frac{1}{2}aN\right) + \frac{a(p-\beta c)\alpha pI_eD}{p}\left[(M-T)+(p-\beta c)T\right]$$

$$-\frac{(1-\alpha)cI_pD\left[(T-M)(aN+1)+N\right]}{T} + \frac{a(1-\alpha)pI_eD}{2T}\left(M-\frac{\beta c}{p}T\right)^2$$

$$-\frac{(1-\alpha)^2 pI_eD}{T}\left(M-\frac{\beta c}{p}T\right)(aN+1) - \frac{a(\beta c)^2 DI_pT}{p}$$

$$= 0 \tag{5.38}$$

$$\Delta_{N_5} = (a-b)p - ac - \frac{1}{2}ahT - \frac{(a\beta c)^2 I_pT}{p} - \frac{1}{2}(1-3\alpha)\beta cI_p$$

$$-\frac{a}{2T}(1-\alpha)cI_p(T-M)^2 - \alpha I_e(p-\beta c)\left[1-\alpha-a(M-T)\right]$$

$$+\frac{1}{T}(1-\alpha)(\alpha pI_e - cI_p)(T-M) + \frac{a\alpha(p-\beta c)^2 I_eT}{2p}$$

$$+\frac{a}{2T}(1-\alpha)pI_e\left(M-\frac{\beta cT}{p}\right)^2 - \frac{1}{T}(1-\alpha)^2 pI_e\left(M-\frac{\beta cT}{p}\right) \tag{5.39}$$

同理，当 N 确定时，可得最优解 T_5^*，并可定义判别式 Δ_4、Δ_5，即

$$T_5^* = \sqrt{\frac{w}{hD + \left[2I_p - (1-\alpha)I_e\right]D\frac{(\beta c)^2}{p} + \alpha I_eD(p-\beta c)(2-p+\beta c) + 2(1-\alpha)cI_pD}}$$

$$\tag{5.40}$$

$$\Delta_4 = zM^2 - w \tag{5.41}$$

$$\Delta_5 = z(\alpha pN)^2 - w(\beta c)^2 \tag{5.42}$$

其中，$z = hD + \dfrac{\left[2I_p - (1-\alpha)I_e\right]D(\beta c)^2}{p} + \alpha I_eD(p-\beta c)(2-p+\beta c) + 2(1-\alpha)$ cI_pD；$w = pDI_p(\alpha N)^2 + \left[pI_e + (1-\alpha)cI_p\right]D(M-N)^2 + \alpha pI_eD\left[(M+N)^2 + (\alpha - 3)N^2\right] - 2A$。

定理 5.4：

（1）对于任意给定的 N，TP_5 是关于 T 的严格凹函数，因此当零售商补货周期为 T_5^* 时，TP_5 最大。

（2）对于任意给定的 $T(T>0)$，如果 $a\left(M-\dfrac{T\beta c}{p}\right)-(4+2aN)(1-\alpha)\leqslant 0$ 且 $(a-b)^2 p-a^2 c\leqslant 0$，则可得：

（a）TP_5 是关于 N 的严格凹函数，因此存在 N_5^* 时使得 TP_5 最大；

（b）如果 $\Delta_{N_5}\leqslant 0$，当 $N_5^*=0$ 时，TP_5 最大；

（c）如果 $\Delta_{N_5}>0$，存在唯一 $N_5^*>0$ 使得 TP_5 最大。

证明：由于证明过程与定理 5.1 相同，所以省略。

5.3.1.4 子情形 4：$M\leqslant T$

当 $N>T_a$，且 T 确定时，求 TP_6 关于 N 的一阶偏导，并令其等于 0，可得最优解 N_6^*，并可定义判别式 Δ_{N_6}，即

$$
\begin{aligned}
\frac{\partial TP_6}{\partial N} &= (a-b)pke^{(a-b)N}-acD-\frac{1}{2}ahTD-\frac{1}{2}a\beta cDI_p T_a-\frac{acI_p D}{2T}(T-M)^2 \\
&\quad +\frac{a\alpha pI_e D}{2T}(M-T_a)^2+\frac{apI_e D}{2T}(1-\alpha)(M^2+N^2) \\
&\quad +\frac{pI_e D}{T}(1-\alpha)(N-M-aMN)-\frac{cI_p D}{2T}(1-\alpha)(2N+a) \\
&\quad -\frac{cI_p D}{T}(1-\alpha)(T-M)(aN+1) \\
&=0
\end{aligned}
\tag{5.43}
$$

$$
\begin{aligned}
\Delta_{N_6} &= (a-b)p-ac-\frac{1}{2}ahT-\frac{a\beta cI_p T_a}{2}-\frac{acI_p(T-M)^2}{2T}+\frac{a\alpha pI_e(M-T_a)^2}{2T} \\
&\quad +\frac{1}{2T}(1-\alpha)pI_e M(aM-2)-\frac{1}{2T}(1-\alpha)cI_p[a+2(T-M)]
\end{aligned}
\tag{5.44}
$$

同理，当 N 确定时，可得最优解 T_6^*，并可定义判别式 Δ_6，即

$$
T_6^* = \sqrt{\frac{2\alpha pA+\alpha p(cI_p-pI_e)[\alpha DM^2+(1-\alpha)D(M-N)^2]}{\alpha p[hD+(2\alpha-1)cI_p D]-(I_e-I_p)(\beta c)^2 D}}
\tag{5.45}
$$

$$\Delta_6 = N^2 D \{ \alpha p [h + (2\alpha - 1) c I_p] - (I_e - I_p)(\beta c)^2 \}$$
$$- (\beta c)^2 \{ 2A + (c I_p - p I_e) D [(1 - \alpha)(M - N)^2 + \alpha M^2] \} \quad (5.46)$$

定理 5.5：

（1）对于任意给定的 N，TP_6 是关于 T 的严格凹函数，因此当零售商补货周期为 T_6^* 时，TP_6 最大。

（2）对于任意给定的 $T(T > 0)$，如果 $(a - b)^2 p - a^2 c \leq 0$ 且 $(1 - \alpha) N^2 - 2(1 - \alpha) M N + M^2 - \alpha (2 M T_a - T_a^2) - a^2 h T^2 - a^2 \beta c I_p T_a T \leq 0$，则可得：

（a）TP_6 是关于 N 的严格凹函数，因此存在 N_6^* 时使得 TP_6 最大；

（b）如果 $\Delta_{N_6} \leq 0$，当 $N_6^* = 0$ 时，TP_6 最大；

（c）如果 $\Delta_{N_6} > 0$，存在唯一 $N_6^* > 0$ 使得 TP_6 最大。

证明：由于证明过程与定理 5.1 相同，所以省略。

当 $N \leq T_b < M$ 时，当 T 确定时，求 TP_7 关于 N 的一阶偏导，并令其等于 0，可得最优解 N_7^*，并可定义判别式 Δ_{N_7}，即

$$\frac{\partial TP_7}{\partial N} = (a - b) p k e^{(a - b)N} - a c D - \frac{1}{2} a h T D - \frac{a(\beta c)^2 I_p D T}{p}$$

$$- \frac{1}{2}(1 - 3\alpha)\beta c I_p D (1 + a N) - \frac{a c I_p D}{2T}(T - M)^2$$

$$- \frac{\alpha^2 N p I_p D}{2T}(a N - 2) + \frac{a p I_e D}{2T}\left(M - \frac{\beta c}{p} T\right)^2$$

$$+ \frac{p I_e D}{2T}(1 - \alpha)^2 N (a N + 2) - \frac{p I_e D}{T}\left(M - \frac{\beta c}{p} T\right)(1 - \alpha)(1 + a N)$$

$$- \frac{(1 - \alpha) c I_p D}{2T}[2N + a N^2 + (T - M)(1 + a N)]$$

$$= 0 \quad (5.47)$$

$$\Delta_{N_7} = (a - b) p - a c - \frac{1}{2} a h T - \frac{a(\beta c)^2 I_p T}{p} - \frac{1}{2}(1 - 3\alpha)\beta c I_p$$

$$- \frac{a}{2T} c I_p (T - M)^2 - \frac{1}{T}(1 - \alpha) c I_p (T - M)$$

$$+ \frac{a}{2T} p I_e \left(M - \frac{\beta c T}{p}\right)^2 - \frac{1}{T}(1 - \alpha) p I_e \left(M - \frac{\beta c T}{p}\right) \quad (5.48)$$

同理，当 N 确定时，可得最优解 T_7^*，并可定义判别式 Δ_7，即

$$T_7^* = \sqrt{\frac{2A+S}{I_eD\left(p-2\beta c+\dfrac{(\beta c)^2}{p}\right)-I_pD\beta c-hD-cI_pD}} \tag{5.49}$$

$$\Delta_7 = (\alpha pM)^2(cDI_p+hD)-(\beta c)^2\big[2A+2(1-\alpha)(p-c)I_pDMN$$
$$+(c-p)I_pDM^2-(1-\alpha)pI_pDN^2\big] \tag{5.50}$$

其中，$S = (cI_p-pI_e)DM\big[M-2(1-\alpha)N\big]+(I_p-I_e)pD(\alpha N)^2+\big[(2\alpha-1)pI_e+(1-\alpha)cI_p\big]DN^2$

定理 5.6：

（1）对于任意给定的 N，TP_7 是关于 T 的严格凹函数，因此当零售商补货周期为 T_7^* 时，TP_7 最大。

（2）对于任意给定的 $T(T>0)$，如果 $(a-b)^2p-a^2c\leqslant 0$ 且 $\beta cI_p(2a\alpha+a^2\alpha N)-\beta cI_e(a^2M-a+a\alpha)-\dfrac{a^2hT}{2}\leqslant 0$，则可得：

（a）TP_7 是关于 N 的严格凹函数，因此存在 N_7^* 时使得 TP_7 最大；

（b）如果 $\Delta_{N_7}\leqslant 0$，当 $N_7^*=0$ 时，TP_7 最大；

（c）如果 $\Delta_{N_7}>0$，存在唯一 $N_7^*>0$ 使得 TP_7 最大。

证明：由于证明过程与定理 5.1 相同，所以省略。

当 $M\leqslant T_b$ 时，当 T 确定时，求 TP_8 关于 N 的一阶偏导，并令其等于 0，可得最优解 N_8^*，并可定义判别式 Δ_{N_8}，即

$$\frac{\partial TP_8}{\partial N} = (a-b)pke^{(a-b)N}-acD-\frac{1}{2}ahTD-\beta cI_pD(1+aN)$$

$$+\frac{\alpha pNI_pD(2+aN)}{2T}-\frac{aI_pDM}{2T}(2\beta cT-pM)(aM-1-aN)$$

$$+\frac{I_pD}{2T}(2\alpha-1)p(M+aNM-2N-aN^2)$$

$$-\frac{cI_pD}{2T}(1-\alpha)(T-M)(1+aN)-\frac{acI_pD}{2T}(T-M)^2$$

$$-\frac{cI_pD}{2T}(1-\alpha)N(2+aN)$$

$$= 0 \tag{5.51}$$

$$\Delta_{N_8} = (a-b)p - ac - \frac{1}{2}ahT - \beta cI_p - \frac{I_p(2\beta cT - pM)(1-aM)}{2T}$$

$$+ \frac{(2\alpha-1)pI_pM}{2T} - \frac{1}{T}(1-\alpha)cI_p(T-M) - \frac{1}{2T}acI_p(T-M)^2$$

$$\tag{5.52}$$

同理,当 N 确定时,可得最优解 T_8^*,即

$$T_8^* = \sqrt{\frac{2A + (c-p)I_pDM^2 + 2(1-\alpha)(p-c)I_pDMN - pI_pDN^2}{cI_pD + hD}} \tag{5.53}$$

定理5.7:

(1) 对于任意给定的 N,TP_8 是关于 T 的严格凹函数,因此当零售商补货周期为 T_8^* 时,TP_8 最大。

(2) 对于任意给定的 $T(T>0)$,如果 $(a-b)^2p - a^2c \leqslant 0$ 且 $a^2[cT^2 + 2(1-\alpha)cTN - (p-c)M^2 + hT^2] - 2(1-\alpha)(p-c) \geqslant 0$,则可得:

(a) TP_8 是关于 N 的严格凹函数,因此存在 N_8^* 时使得 TP_8 最大;

(b) 如果 $\Delta_{N_8} \leqslant 0$,当 $N_8^* = 0$ 时,TP_8 最大;

(c) 如果 $\Delta_{N_8} > 0$,存在唯一 $N_8^* > 0$ 使得 TP_8 最大。

证明:由于证明过程与定理5.1相同,所以省略。

定理5.8:

对于任意给定的 N,当 $M \geqslant N$ 时:

(1) 若 $\Delta_1 \geqslant 0$,$\Delta_2 > 0$,则零售商最高年总利润为 $TP(T^*) = TP_1(T_1^*)$,此时零售商最优订货周期为 $T^* = T_1^*$;

(2) 若 $\Delta_1 \geqslant 0$,$\Delta_2 \leqslant 0$,则零售商最高年总利润为 $TP(T^*) = TP_2(T_2^*)$,此时零售商最优订货周期为 $T^* = T_2^*$;

(3) 若 $\Delta_1 < 0$,$\Delta_3 \geqslant 0$,则零售商最高年总利润为 $TP(T^*) = TP_3(T_3^*)$,此时零售商最优订货周期为 $T^* = T_3^*$;

(4) 若 $\Delta_1 < 0$,$\Delta_3 < 0$,$\Delta_4 \geqslant 0$ 且 $\Delta_5 \geqslant 0$,则零售商最高年总利润为 $TP(T^*) = TP_4(T_4^*) = TP_3(T_3^*)$,此时零售商最优订货周期为 $T^* = T_4^* = T_3^*$;

(5) 若 $\Delta_1 < 0$,$\Delta_3 < 0$,$\Delta_4 \geqslant 0$ 且 $\Delta_5 < 0$,则零售商最高年总利润为

$TP(T^*) = TP_5(T_5^*)$，此时零售商最优订货周期为 $T^* = T_5^*$；

（6）若 $\Delta_3 < 0$，$\Delta_4 < 0$，$\Delta_6 > 0$，则零售商最高年总利润为 $TP(T^*) = TP_6(T_6^*)$，此时零售商最优订货周期为 $T^* = T_6^*$；

（7）若 $\Delta_3 < 0$，$\Delta_4 < 0$，$\Delta_6 \leqslant 0$ 且 $\Delta_7 \geqslant 0$，则零售商最高年总利润为 $TP(T^*) = TP_7(T_7^*)$，此时零售商最优订货周期为 $T^* = T_7^*$；

（8）若 $\Delta_3 < 0$，$\Delta_4 < 0$，$\Delta_7 < 0$，则零售商最高年总利润为 $TP(T^*) = TP_8(T_8^*)$，此时零售商最优订货周期为 $T^* = T_8^*$。

证明：证明过程同第 4 章定理 4.1 证明过程，故省略。

5.3.2 零售商延期支付期限不大于顾客延期支付期限（$M \leqslant N$）的模型求解

此小节的模型分析过程同上一节，即应用式（5.15）关于凹函数的理论，可证在 $M < N$ 情形下，零售商的年总利润 $TP_i(T, N)$ 是关于 T 的严格拟凹函数。因此，为得到 T_i^*，需求 $TP_i(T, N)$ 关于 T 的偏导数并令其等于 0。

对于第一种子情形，即 $T \leqslant M \leqslant N$，应用式（5.11），求 $TP_9(T, N)$ 关于 T 的一阶偏导，并令其偏导数等于 0，整理得：

$$\frac{\partial TP_9}{\partial T} = \frac{A}{T^2} - \frac{hD}{2} - \frac{(c\beta)^2(I_e - I_p)D}{2\alpha p} - \frac{\alpha pI_e D}{2} - \frac{(1-\alpha)cI_p D}{2} = 0 \quad (5.54)$$

故可得零售商此情形下的最优补货时间，即

$$T_9^* = \sqrt{\frac{2A\alpha p}{(h + \alpha pI_e + cI_p - \alpha cI_p)\alpha pD - (c\beta)^2(I_e - I_p)D}} \quad (5.55)$$

为确保 $M \geqslant T_9^*$ 成立，将式（5.55）代入 $M \geqslant T$ 内，可得当且仅当 $\Delta_8 = \alpha pDM^2(cI_p + h + \alpha pI_e - \alpha cI_p) - (I_e - I_p)D(\beta c)^2 - 2A\alpha p \geqslant 0$ 时，$M \geqslant T_9^*$ 成立。

对于任意给定的补货周期 T，求 $TP_9(T, N)$ 关于 N 的一阶偏导，并令其偏导数等于 0 可得到 N_9^*，整理得：

$$\frac{\partial TP_9}{\partial N} = (a-b)pke^{(a-b)N} - acD - \frac{1}{2}ahTD - \frac{1}{2}a\beta cI_p T_a D$$

$$+ \frac{a(\alpha p - \beta c)^2 I_e DT}{2\alpha p} + a(\alpha p - \beta c) I_e D(M - T)$$

$$- (1 - \alpha) c I_p D\left(1 + aN - aM + \frac{1}{2}aT \right)$$

$$= 0 \tag{5.56}$$

求 $TP_9(T, N)$ 关于 N 的二阶偏导，得：

$$\frac{\partial^2 TP_9}{\partial N^2} = (a - b)^2 pke^{(a-b)N} - a^2 cD - \frac{1}{2}a^2 hTD - \frac{1}{2}a^2 \beta c I_p T_a D$$

$$+ \frac{a^2(\alpha p - \beta c)^2 I_e DT}{2\alpha p} + a^2(\alpha p - \beta c) I_e D(M - T)$$

$$- 2a(1 - \alpha)c I_p D - a^2(1 - \alpha)c I_p D\left(N - M + \frac{1}{2}T \right) \tag{5.57}$$

为判断 N_9^* 是 0 或者正值，通过式（5.56）定义判别式 Δ_{N_9}，即

$$\Delta_{N_9} = (a - b)p - ac - \frac{1}{2}ahT - \frac{a(\beta c)^2 I_p T}{2\alpha p} + \frac{a(\alpha p - \beta c)^2 I_e T}{2\alpha p}$$

$$+ a(\alpha p - \beta c) I_e(M - T) - (1 - \alpha)c I_p + a(1 - \alpha)c I_p\left(M - \frac{T}{2} \right) \tag{5.58}$$

定理 5.9：

（1）对于任意给定的 N，TP_9 是关于 T 的严格凹函数，因此当零售商补货周期为 T_9^* 时，TP_9 最大。

（2）对于任意给定的 $T(T > 0)$，如果 $(a - b)^2 p - a^2 c \leq 0$ 且 $(\alpha p - \beta c)$ $I_e(M - T) - \frac{1}{2}[(1 - \alpha)c I_p T + hT] \leq 0$，则可得：

（a）TP_9 是关于 N 的严格凹函数，因此存在 N_9^* 时使得 TP_9 最大；

（b）如果 $\Delta_{N_9} \leq 0$，当 $N_9^* = 0$ 时，TP_9 最大；

（c）如果 $\Delta_{N_9} > 0$，存在唯一 $N_9^* > 0$ 使得 TP_9 最大。

证明：由于证明过程与定理 5.1 相同，所以省略。

类似地，对于第二种子情形，即 $M \leq T \leq N$，当 $M \geq T_a$ 时，当 T 确定时，求 TP_{10} 关于 N 的一阶偏导，并令其等于 0，可得最优解 N_{10}^*，并可定义判别式 $\Delta_{N_{10}}$，即

$$\frac{\partial TP_{10}}{\partial N} = (a-b)pke^{(a-b)N} - acD - \frac{1}{2}ahTD - \frac{1}{2}a\beta cI_pT_aD + \frac{a\alpha pI_eD(M-T_a)^2}{2T}$$

$$- \frac{a\alpha cI_pD(T-M)^2}{2T} - (1-\alpha)cI_pD\left(1 + aN - aM + \frac{1}{2}aT\right)$$

$$= 0 \tag{5.59}$$

$$\Delta_{N_{10}} = (a-b)p - ac - \frac{1}{2}ahT - \frac{a\beta cI_pT_a}{2} + \frac{a\alpha pI_e(M-T_a)^2}{2T}$$

$$- \frac{a\alpha cI_p(T-M)^2}{2T} - (1-\alpha)cI_p + a(1-\alpha)cI_p\left(M - \frac{T}{2}\right) \tag{5.60}$$

同理，当 N 确定时，可得最优解 T_{10}^*，并可定义判别式 Δ_9，即

$$T_{10}^* = \sqrt{\frac{\alpha p[2A - (pI_e - cI_p)\alpha DM^2]}{(h + cI_p)\alpha pD - (c\beta)^2(I_e - I_p)D}} \tag{5.61}$$

$$\Delta_9 = (\alpha pM)^2(cI_p + h + \alpha pI_e - \alpha cI_p) - (I_e - I_p)D(\beta c)^2 - 2A(\beta c)^2 \tag{5.62}$$

定理 5.10：

（1）对于任意给定的 N，TP_{10} 是关于 T 的严格凹函数，因此当零售商补货周期为 T_{10}^* 时，TP_{10} 最大。

（2）对于任意给定的 $T(T>0)$，如果 $(a-b)^2p - a^2c \leq 0$，则可得：

（a）TP_{10} 是关于 N 的严格凹函数，因此存在 N_{10}^* 时使得 TP_{10} 最大；

（b）如果 $\Delta_{N_{10}} \leq 0$，当 $N_{10}^* = 0$ 时，TP_{10} 最大；

（c）如果 $\Delta_{N_{10}} > 0$，存在唯一 $N_{10}^* > 0$ 使得 TP_{10} 最大。

证明：由于证明过程与定理 5.1 相同，所以省略。

当在 $M \leq T_a < N$ 和 $N \leq T_b$，且 T 确定时，求 TP_{11} 关于 N 的一阶偏导，并令其等于 0，可得最优解 N_{11}^*，并可定义判别式 $\Delta_{N_{11}}$，即

$$\frac{\partial TP_{11}}{\partial N} = (a-b)pke^{(a-b)N} - acD + a(\alpha-\beta)cMI_pD + \frac{a(p-c)\alpha I_pDM^2}{2T}$$

$$- \frac{1}{2}acI_pTD - (1-\alpha)cI_pD(aN - 1 + aM) - \frac{1}{2}ahTD$$

$$= 0 \tag{5.63}$$

$$\Delta_{N_{11}} = (a-b)p - ac - \frac{1}{2}ahT + a(\alpha-\beta)cI_pM + \frac{a\alpha(p-c)I_pM^2}{2T}$$

$$-\frac{1}{2}acI_pT-(1-\alpha)cI_p(1-aM) \tag{5.64}$$

同理，当 N 确定时，可得最优解 T_{11}^*，即

$$T_{11}^*=\sqrt{\frac{2A-(p-c)\alpha DI_pM^2}{hD+cI_pD}} \tag{5.65}$$

定理 5.11：

（1）对于任意给定的 N，TP_{11} 是关于 T 的严格凹函数，因此当零售商补货周期为 T_{11}^* 时，TP_{11} 最大。

（2）对于任意给定的 $T(T>0)$，如果 $(a-b)^2p-a^2c\leqslant0$ 且 $hT^2+\alpha pI_pM^2+cI_p[2(1-\beta)TM-2(1-\alpha)NT-\alpha M^2-T^2]\geqslant0$，则可得：

（a）TP_{11} 是关于 N 的严格凹函数，因此存在 N_{11}^* 时使得 TP_{11} 最大；

（b）如果 $\Delta_{N_{11}}\leqslant0$，当 $N_{11}^*=0$ 时，TP_{11} 最大；

（c）如果 $\Delta_{N_{11}}>0$，存在唯一 $N_{11}^*>0$ 使得 TP_{11} 最大。

证明：由于证明过程与定理 5.1 相同，所以省略。

定理 5.12：

对于任意给定的 N，当 $M<N$ 时：

（1）若 $\Delta_8\geqslant0$，则零售商最高年总利润为 $TP(T^*)=TP_9(T_9^*)$，此时零售商最优订货周期为 $T^*=T_9^*$；

（2）若 $\Delta_8<0$，$\Delta_9\geqslant0$ 则零售商最高年总利润为 $TP(T^*)=TP_{10}(T_{10}^*)$，此时零售商最优订货周期为 $T^*=T_{10}^*$；

（3）若 $\Delta_8<0$，$\Delta_9<0$ 则零售商最高年总利润为 $TP(T^*)=TP_{11}(T_{11}^*)$，此时零售商最优订货周期为 $T^*=T_{11}^*$。

证明：证明过程同第 4 章定理 4.1 证明过程，故省略。

5.4　本　章　小　结

本章分为三个部分，研究了零售商在接受供应商延期支付的情形下，面对具有违约风险顾客时的订货策略问题。下面对本章节的主要内容总结如下：

（1）分析了由供应商、零售商和顾客组成的三级供应链系统中，供应商为零售商提供部分延期支付，零售商为下游顾客提供部分延期支付的情形下，在考虑了顾客存在违约风险的基础上，确定了零售商在各个情形下的最优订货策略。

（2）建立零售商在不同情形下的订货模型，通过模型求解得到零售商在每种情况下的最优补货周期和最优下游延期支付期限，并给出相应的定理。

| 第 6 章 |

应用研究：A 公司订购 X 零件的策略分析

在第 4 章和第 5 章研究的基础上，为了说明和验证本书提出的两级延期支付下考虑顾客类型和顾客违约风险的零售商订货策略的实用性、有效性和可行性，本章以 A 公司为例，进行有针对性的应用研究。首先，给出了 A 公司的背景分析，并说明了 A 公司 X 零件的供销关系。然后，对有关参数进行合理赋值，分别从两级延期支付下考虑顾客类型和违约风险两种市场环境对上述模型的应用情况进行数值算例计算。最后，利用数值分析的结果，分别给出了相应的管理启示。

6.1　A 公司简介

本节主要从 A 公司的背景和 A 公司 X 零件供销关系两个方面对 A 公司进行介绍，详细如下。

6.1.1　A 公司背景介绍

A 公司是成立于 2008 年的中小型企业，目前公司规模为 20 人，拥有良好的信誉，信用评级为 A 级。经营范围包括自动化控制设备、汽车仪器仪表、电子元件、工业电气及仪表系统集成、计算机软硬件开发、设计及销售，高低压电器、电工材料、五金等产品销售。A 公司从事电气自动化领域的高端产品销售，为客户提供一流的产品和服务，并可承揽大中型企业的电器设备技术改造和城市建设的电器设备配套工程。

A 公司是德国 P 品牌 L 区域的经销商。A 公司主要代理销售西门子、ABB、施耐德、吴安线槽和菲尼克斯等全线产品。X 零件是 A 公司代理 ABB 公司在 L 区域销售的车用零部件。A 公司作为车用零部件经销商属于汽车供应链中节点企业，主要对关键部件的进行代理销售。A 公司的上游供应企业包括 ABB 公司、中国延峰、德尔福等零件供应商，A 公司的下游企业包括整车制造商、经销商以及最终用户等。

6.1.2 A 公司 X 零件的供销关系

企业之间的竞争已经演变成其所处供应链之间的竞争，汽车行业更是如此。汽车行业作为一个拉动型的行业，上游涵盖了很多基础产业，如钢铁冶炼、电子电器、橡胶生产、塑料制品等；下游则带动了汽车销售、维修、加油站等细分产业，对上下游产业及配套领域的带动能力巨大[154]。没有一家汽车制造商可以独自完成汽车的研发、生产、销售、售后、物流等全部环节。汽车制造商必须和其上下游的企业加强合作，建立一条高效的供应链，才能实现降低成本和提高效率的目标。

汽车供应链体系是指围绕核心企业整车装配厂（汽车制造商），通过对资金流、信息流和物流的运作，从采购基本的原料到制作成汽车零部件、汽车系统、整车，直到最终把汽车配送给消费者的网链结构模式。这种由原料供应商、零部件供应商、系统供应商、整车制造商、经销商以及最终的消费者共同构成的模式，即"N + 1 + N"网链模式，其中，"1"是指整车制造商，两侧的"N"代表围绕着整车制造商开展业务的上游供应商和下游经销商。从整个流程来看，汽车供应链包括了制造和分销的两端，从最小的零件到终端消费者[155]。

为了应对激烈的市场竞争，占有更多的市场份额，A 公司着力于采取一系列措施以便更好地满足市场的需求，促进销售量，更有效地提高利润，使供应链运作更加协调。但要达到这些目标，也会致使各种管理与服务的成本上升，A公司通常选择将这些问题转移到在汽车供应链中的上下游企业。A公司作为汽车产业供应链上的节点企业，往往会延迟支付对零件供应商的应付账款，扩大账期，缓和自身的财务压力。同时，在汽车零部件的销售过程中，面对多家竞争激烈的产品品牌，A公司往往会对下游买方提供延期付款等策略来促进销售。

基于以上分析，本章节的供应链模式是在部件供应商向A公司提供延期支付，A公司向其下游购买者提供延期支付的两级延期支付方式的基础上，分析A公司在面对信用良好、信用不良两种顾客和顾客具有违约风险两种不同市场环境时的最优订货策略。具体分析如下。

6.2　两级延期支付下考虑两种顾客类型的 A公司订货策略分析

第4章给出了零售商在两级延期支付下考虑两种顾客类型的最优订货策略。为说明第4章节所建模型的可应用性，本节以A公司订购汽车X零件为背景，A公司在获得X零件的上游供应商的延期支付期限时，提供给其下游X零件购买者延期支付期限，并将购买者分为信用良好和信用不良两种类型，并对信用不良顾客收取一定比例的立即支付款，以第4章模型和结论为基础，运用MATLAB软件进行数值算例仿真，对A公司的订货策略进行详细分析。

6.2.1　数值算例

根据第4章的结论可知，A公司在信用良好、信用不良顾客同时存在的市场环境下，存在最优订货策略。为了后文算例的具体求解，首先给出A公司在订货前需要考虑的参数的值：产品需求率$D = 3600$件/年，订货成本$A = 100$元/次，单位时间每单位产品的库存持有成本$h = 5$元/年·件，单位产品

的购进价格 $c = 10$ 元/件，单位产品的销售价格 $p = 25$ 元/件，年利息支付率 $I_p = 8\%$ 以及年利息收益率 $I_e = 2\%$。

例 6.1：假定 $M = 0.3$ 年，$N = 0.2$ 年，$\alpha = 0.4$，$\beta = 0.5$ 以及 $k = 0.4$，计算 A 公司的最优订货周期、订货批量以及最大利润。

解：显然 $M > N$。根据第 4 章中的定理 1，分别计算 $\Delta_1 \sim \Delta_7$，可以得到 $\Delta_1 > 0$，$\Delta_4 > 0$ 且 $\Delta_3 < 0$，该结果与第 4 章定理 4.1 中第（3）部分对应，因此，通过式（4.20）和式（4.3）可以得到如下结果：$T^* = T_3^* = 0.1028$ 年，$Q^* = T^* D = 369.90$ 件，以及 $TP^* = TP_3^* = 52122$ 元。

例 6.2：假定 $M = 0.3$ 年，$N = 0.5$ 年，$\alpha = 0.4$，$\beta = 0.5$ 以及 $k = 0.4$，计算 A 公司的最优订货周期、订货批量以及最大利润。

解：显然 $M < N$。根据第 4 章中的定理 4.2，分别计算 $\Delta_8 \sim \Delta_{12}$，可以得到 $\Delta_8 < 0$，该结果与第 4 章定理 4.2 中第（1）部分对应，因此，通过式（4.25）和式（4.9）可以得到如下结果：$T^* = T_3^* = 0.0983$ 年，$Q^* = T^* D = 353.93$ 件，以及 $TP^* = TP_3^* = 51508.79$ 元。

例 6.3：基于例 6.2 所给出的参数数据，为探讨参数 M，N，α，β 和 k 的变化对 A 公司的订货决策及利润的影响，分别保持这 5 个参数中其他 4 个不变，将要分析的那 1 个参数依次改变 -35%，-25%，$+25\%$ 以及 $+35\%$，以得到 A 公司的最优补货周期和年总利润的变化情况，结果见表 6.1，同时，不失一般性，将 A 公司的最优补货周期和年总利润随这几个参数的变化绘制成了图 6.1 ~ 图 6.3，以形象地说明每个参数值的变化对 T^* 和 TP^* 的影响。对上述图表的分析如下：

（1）如图 6.1 所示，零售商最优年总利润 TP^* 随着供应商延期支付期限 M 的增加而增加，随着顾客延期支付期限 N 的增加而减少，但是，零售商的最优补货周期 T^* 不受 M 和 N 的影响；

（2）如图 6.2 所示，零售商最优年总利润 TP^* 和最优补货周期 T^* 随着信用不良顾客立即支付比例 α 的增加而增加，随着零售商立即支付比例 β 的增加而减少；

（3）如图 6.3 所示，零售商最优年总利润 TP^* 和最优补货周期 T^* 随着销售给信用良好的顾客产品的比例 k 的增加而减小；

（4）通过表6.1也可以看出与图6.1~图6.3相同的趋势。另外，零售商最优年总利润 TP^* 对参数 M 和 N 的变化高度敏感，而对参数 α、β 和 k 的变化敏感性较弱。

表6.1　　　　　　　A 公司最优补货周期和最大利润的变化情况

参数	参数取值	T^*	T^* 变化百分比（%）	TP^*	TP^* 变化百分比（%）
M	$M=0.195$	0.0983	0.00	51271.41	-0.46
	$M=0.225$	0.0983	0.00	51339.23	-0.33
	$M=0.375$	0.0983	0.00	51678.35	+0.33
	$M=0.405$	0.0983	0.00	51746.18	+0.46
N	$N=0.325$	0.0983	0.00	51891.83	+0.74
	$N=0.375$	0.0983	0.00	51782.39	+0.53
	$N=0.625$	0.0983	0.00	51235.19	-0.53
	$N=0.675$	0.0983	0.00	51125.75	-0.74
α	$\alpha=0.260$	0.0963	-2.03	51387.74	-0.24
	$\alpha=0.300$	0.0970	-1.35	51424.51	-0.16
	$\alpha=0.500$	0.0994	+1.11	51587.34	+0.15
	$\alpha=0.540$	0.0998	+1.52	51617.86	+0.21
β	$\beta=0.325$	0.0996	+1.28	51571.78	+0.12
	$\beta=0.375$	0.0993	+0.97	51554.85	+0.09
	$\beta=0.625$	0.0971	-1.20	51457.55	-0.10
	$\beta=0.675$	0.0966	-1.74	51435.63	-0.14
k	$k=0.260$	0.0993	+1.04	51582.22	+0.14
	$k=0.300$	0.0991	+0.76	51561.57	+0.10
	$k=0.500$	0.0975	-0.86	51453.55	-0.11
	$k=0.540$	0.0971	-1.25	51430.41	-0.15

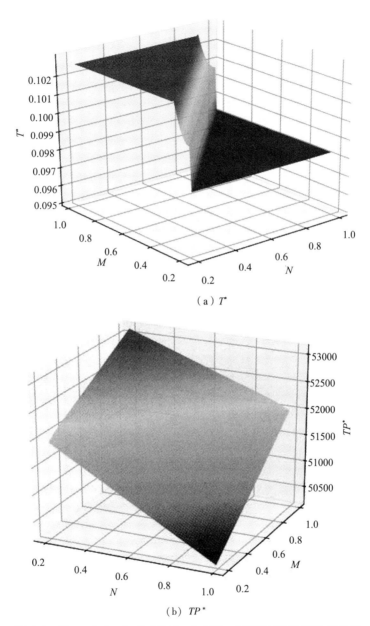

（a）T^*

（b）TP^*

图 6.1 当 $\alpha = 0.4$，$\beta = 0.5$ 和 $k = 0.4$ 时，零售商 T^* 和 TP^* 的变化

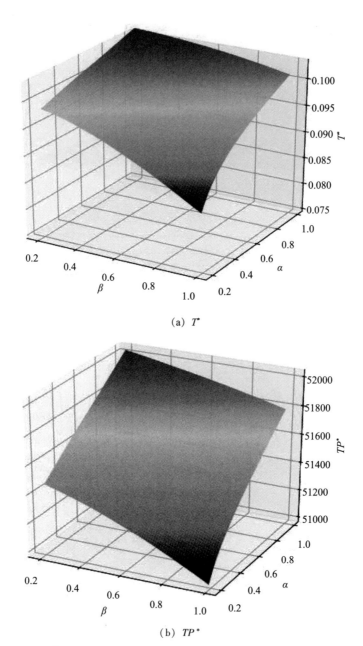

(a) T^*

(b) TP^*

图6.2 当 $M = 0.3$，$N = 0.5$ 和 $\alpha = 0.4$ 时，零售商 T^* 和 TP^* 的变化

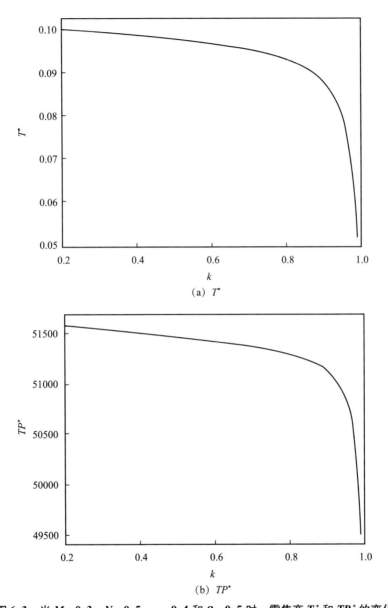

(a) T^*

(b) TP^*

图 6.3　当 $M=0.3$，$N=0.5$，$\alpha=0.4$ 和 $\beta=0.5$ 时，零售商 T^* 和 TP^* 的变化

6.2.2 基于数值分析结果的相关订货策略分析

综合第 6.2.1 节数值分析的结果可知，A 公司的相关订货策略及管理启示如下：

（1）当 N、β、α 和 k 确定时，A 公司的订货周期、订货量和年总利润随着供应商所提供的延期支付期限 M 的增大而增大。因为当延期支付期限 M 增大时，A 公司向供应商支付延期货款的时间延长，那么 A 公司在 M 之后支付利息的平均时间变短，所以，相应地，A 公司应适当地增加订货批量，以提高其年总利润。

（2）当 M、β、α 和 k 确定时，A 公司的订货量、订货周期和年总利润均随着 A 公司提供给顾客延期支付期限 N 的增大而减小。因为当 N 逐渐增大时，A 公司获得顾客延期支付货款的时间延长，那么 A 公司支付利息的平均时间逐渐增大，所以 A 公司应适当地减小顾客的延期支付期限，以提高其年总利润。

（3）当 M、N、β 和 α 确定时，A 公司的订货周期与订货量以及年总利润均随着销售给信用良好的顾客的产品比例 k 的增大而减小。因为当 k 逐渐增大时，顾客延期支付的比例逐渐增大，那么 A 公司支付利息的本金变大，所以，相应地，A 公司应适当地减小订货量，从而提高年总利润。

（4）当 M、N、k 和 α 确定时，A 公司的订货周期、订货量和年总利润都会随着 β 的增大而减小。因为当 β 逐渐增大时，A 公司立即支付货款增大，支付利息的本金变大，所以此时 A 公司应适当地减小订货量，从而提高年总利润。

（5）当 M、N、β 和 k 确定时，A 公司的订货周期、订货量和年总利润会随着 α 的增大而增大。因为当 α 逐渐增大时，A 公司获得顾客立即支付的货款增大，获得利息收益的本金增大，因此，A 公司在保证交易正常进行的情况下，可以通过适当增加不良信用客户的即时支付比例来降低成本，从而提高年总利润。

（6）为了销售更多的产品，供应商或零售商（A 公司）应该在其资金允许的范围内，为下游成员提供较长的延期支付期限。

（7）若零售商（A 公司）处于主导地位（即，零售商有足够的能力为顾客提供更短的延期支付期限。见图 6.1（a）中 $M > N$ 的部分），则零售商可以要求供应商提供一个较小的立即支付比例；如果零售商（A 公司）处于劣势（即，零售商必须为顾客提供更长的延期支付期限，以确保交易成功。见图 6.1（a）中 $M < N$ 的部分），则零售商应选择要求较小的立即支付款比例的其他供应商。

6.3　两级延期支付下考虑顾客违约风险的 A 公司订货策略分析

第 5 章给出了零售商在两级部分延期支付下考虑顾客违约风险的最优解。为说明第 5 章求解结果的可应用性，本节以 A 公司订购汽车 X 零件为背景，A 公司在获得 X 零件的上游供应商的部分延期支付政策时，给其下游具有违约风险的 X 零件购买者提供部分延期支付政策，以第 5 章模型和结论为基础，运用 MATLAB 软件进行数值仿真，对 A 公司的订货策略进行详细分析。

6.3.1　数值算例

根据第 5 章的结论，A 公司在顾客存在违约风险的市场环境下存在最优订货策略。以所构建模型和给出的定理为基础进行数值算例分析。为了后文算例的具体求解，首先给出 A 公司订货时考虑的参数值：订货成本 $A = 100$ 元/次，单位时间每单位产品的库存持有成本 $h = 5$ 元/年·件，单位产品的购进价格 $c = 15$ 元/件，单位产品的销售价格 $p = 25$ 元/件，年利息支付率 $I_p = 8\%$ 以及年利息收益率 $I_e = 2\%$。

例 6.4：假定 $a = 0.25$，$b = 0.08$，$k = 2000$，$\alpha = 0.55$，$\beta = 0.2$ 以及 $M = 0.2$ 年，计算 A 公司的最优下游延期支付期限、最优订货周期以及最大利润。

解：首先判断前提条件 $(a - b)^2 p - a^2 c \leqslant 0$ 是否满足：

$$(a - b)^2 p - a^2 c = (0.25 - 0.08)^2 \times 25 - 0.25^2 \times 15 = -0.215 \leqslant 0$$

然后，利用 MATLAB 求解出所有使 $TP_i(T, N)$（其中，$i = 1, 2, \cdots,$ 11）达到最大的解，即

$N_2^* = 0.0000$ 年，$T_2^* = 0.1349$ 年，$TP_2^* = 18693.73$ 元；

$N_3^* = 0.1336$ 年，$T_3^* = 0.1295$ 年，$TP_3^* = 18725.58$ 元。

通过解的比较，得到零售商的最优解为：

$N^* = 0.1336$ 年，$T^* = 0.1295$ 年，$TP^* = 18725.58$ 元。

零售商年总利润变化如图 6.4 所示。同样，可以看出其在点（0.1336，0.1295）处取得最大值，这与上面的计算结果相同。

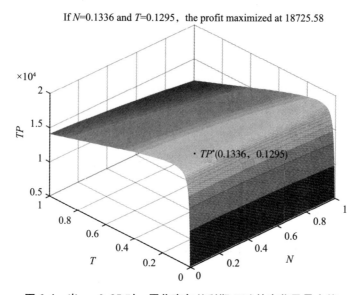

图 6.4 当 $a = 0.25$ 时，零售商年总利润 TP^* 的变化及最大值

例 6.5：假定 $a = 0.30$，$b = 0.08$，$k = 2000$，$\alpha = 0.55$，$\beta = 0.2$ 以及 $M = 0.2$ 年，计算 A 公司的最优下游延期支付期限、最优订货周期以及最大利润。

解：首先判断前提条件 $(a - b)^2 p - a^2 c \leqslant 0$ 是否满足：

$$(a - b)^2 p - a^2 c = (0.30 - 0.08)^2 \times 25 - 0.30^2 \times 15 = -0.14 \leqslant 0$$

然后，利用 MATLAB 求解出所有使 $TP_i(T, N)$（其中，$i = 1, 2, \cdots,$

11）达到最大的解，即

$N_5^* = 0.1141$ 年，$T_5^* = 0.1360$ 年，$TP_5^* = 18785.46$ 元；

$N_9^* = 0.6805$ 年，$T_9^* = 0.1180$ 年，$TP_9^* = 19054.69$ 元。

通过解的比较，得到零售商的最优解为：

$N^* = 0.6805$ 年，$T^* = 0.1180$ 年，$TP^* = 19054.69$ 元。

零售商年总利润变化如图 6.5 所示。同样，可以看出其在点（0.6805，0.1180）处取得最大值，这与上面的计算结果相同。

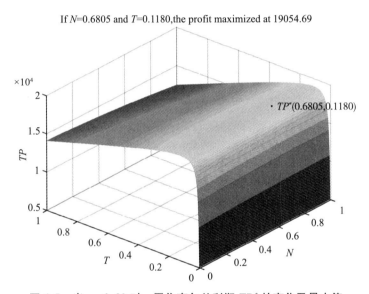

图 6.5　当 $a = 0.30$ 时，零售商年总利润 TP^* 的变化及最大值

例 6.6：使用与例 6.4 相同的参数数据，探究参数 a、b、k、α、β 和 M 对 A 公司最优下游延期支付期限、最优补货周期和最优年总利润的影响，结果见表 6.2。

对表 6.2 的分析如下：

（1）N^* 和 TP^* 的值随着 a 或 k 的增加而增加，而 T^* 的值随着 a 或 k 的增加而减小；

表 6.2　　A 公司最优下游延期支付期限、最优补货周期和最大利润的变化情况

参数	参数取值	T^*	N^*	TP^*
	$a = 0.29$	0.1210	0.5302	18934.45
a	$a = 0.30$	0.1180	0.6805	19054.69
	$a = 0.31$	0.1151	0.8200	19204.83
	$b = 0.07$	0.1091	1.2034	19635.73
b	$b = 0.08$	0.1180	0.6805	19054.69
	$b = 0.09$	0.1263	0.2293	18804.64
	$k = 1000$	0.1688	0.6036	9178.37
k	$k = 2000$	0.1180	0.6805	19054.69
	$k = 3000$	0.0958	0.7141	29049.70
	$M = 0.18$	0.1182	0.6725	19017.70
M	$M = 0.20$	0.1180	0.6805	19054.69
	$M = 0.22$	0.1179	0.6886	19091.78
	$\beta = 0.15$	0.1181	0.6824	19064.54
β	$\beta = 0.20$	0.1180	0.6805	19054.69
	$\beta = 0.25$	0.1178	0.6785	19044.14
	$\alpha = 0.45$	0.1214	0.4466	18916.96
α	$\alpha = 0.55$	0.1180	0.6805	19054.69
	$\alpha = 0.65$	0.1141	0.9500	19279.46

（2）N^* 和 TP^* 的值随着 b 的增加而减小，而 T^* 的值随着 b 的增加而增加；

（3）N^* 和 TP^* 的值随着 M 的增加而增加，而 T^* 的值随着 M 的增加而减小；

（4）N^*、T^* 和 TP^* 的值随着 β 的增加而减小；

（5）N^* 和 TP^* 的值随着 α 的增加而增加，而 T^* 的值随着 α 的增加而减小。

6.3.2　基于数值分析结果的相关订货策略分析

综合第 6.3.1 节数值分析的结果可知，A 公司的相关订货策略及管理启示如下：

（1）当 b、k、M、β 和 α 确定时，A 公司的最优补货周期随着 a 的增大而减小，A 公司的最优下游延期支付期限和年总利润随着 a 的增大而增大；当 a、b、M、β 和 α 确定时，A 公司的最优补货周期随着 k 的增大而减小，A 公司的最优下游延期支付期限和年总利润随着 k 的增大而增大。因为 a 或 k 变大时，市场需求变大，并且下游延期支付期限 N 对需求（和年度利润）的影响更大，此时 A 公司应适当地缩短补货周期，提高订货量，以提高其年总利润。

（2）当 a、k、M、β 和 α 确定时，A 公司的最优补货周期随着 b 的增大而增大，A 公司的最优下游延期支付期限和年总利润随着 b 的增大而减小。因为 b 越大，说明顾客的违约风险就越大，所以为了控制顾客违约风险，A 公司应选择适当地缩短提供给顾客的延期支付期限，减少订货量，来控制违约风险带来的损失，从而提高其年总利润。

（3）当 a、b、k、β 和 α 确定时，A 公司的最优补货周期随着 M 的增大而减小，A 公司的最优下游延期支付期限和年总利润随着 M 的增大而增大。因为当 M 逐渐增大时，A 公司向供应商支付延期货款的时间逐渐延长，那么在延期支付期限 M 之前获得利息收益的平均时间变长，所以此时 A 公司应适当地缩短补货周期，提高订货量，从而提高其年总利润。

（4）当 a、b、k、M 和 α 确定时，A 公司的最优补货周期与年总利润随着 β 的增大而减小，最优下游延期支付期限随着 β 的增大而增大。因为当 β 逐渐增大时，A 公司立即支付的货款增大，支付利息的本金就越大，此时 A 公司应适当地减少订货量，缩短补货周期，从而提高其年总利润。

（5）当 a、b、k、M 和 β 确定时，A 公司的最优补货周期随着 α 的增大而减小，最优下游延期支付期限和年总利润随着 α 的增大而增大。因为当 α 逐渐增大时，A 公司收到顾客立即支付的货款增大，利息收益的本金就越大，此时 A 公司应适当延长补货周期，提高订货量，以提高其年总利润。

综上所述，零售商（A 公司）倾向于与提供较长的延期支付期限或要求较少的立即支付款比率供应商合作。因此，为了销售更多的产品，供应商应该在他们自己的资金允许的范围内，为零售商（A 公司）提供更长的延期支付期限，或者降低零售商（A 公司）的立即支付款比率。考虑到违约风险，零售商（A 公司）为了获得更多的利润，应该在权衡顾客违约风险和促销的基础上，为顾客提供一个合适的延期支付期限和立即支付款比例。

6.4　本 章 小 结

本章以 A 公司为例对两级延期支付下考虑两种顾客类型和顾客违约风险的零售商的订货策略进行了应用分析，同时，对第 4 章和第 5 章的模型进行验证。下面对本章节的主要内容总结如下：

（1）以 A 公司为例，对两级延期支付策略进行说明，并给出相关参数；

（2）在考虑两种顾客类型的市场环境中，针对 A 公司应用第 4 章订货模型，得到了该情形下相关参数对 A 公司年总利润的影响特征，以及该公司应采取的相应订货策略；

（3）在考虑顾客违约风险的市场环境中，针对 A 公司应用第 5 章订货模型，得到了该情形下相关参数对公司年总利润的影响特征，以及在违约风险存在时 A 公司应采取的相应订货策略。

第 7 章

结论与展望

本书针对两级延期支付下零售商的订货问题，考虑了两种顾客类型同时存在的情况和顾客存在违约风险的情况，根据 EOQ 模型相关理论，以零售商收益最大化为目标，讨论了零售商基于两级延期支付条件，考虑顾客类型和顾客违约风险两种市场环境下所采取的订货策略。下面将从本书的主要研究成果和结论、主要贡献、研究局限以及今后研究工作的展望四个方面进行详细的阐述。

7.1 主要研究成果及结论

7.1.1 主要研究成果

本书的主要研究成果包括以下几个方面：

（1）提炼了存在两种顾客类型和顾客具有违约风险的不同市场环境下，零售商在两级延期支付下的订货问题。

目前，延期支付方式被企业广泛应用，但已有研究文献大多是对两级全部延期支付下订货问题和部分与全部相结合情形下的订货问题进行研究，少有文献针对两级部分延期支付下的订货问题进行研究。因此，根据现实经济市场的情况，本书在考虑不同顾客类型和违约风险存在的前提下，分析了在两级延期支付的条件下，零售商的订货策略问题。

（2）针对所提炼的问题，分别给出了考虑顾客类型和考虑顾客违约风险的两级延期支付下的零售商订货模型及最优订货策略。

本书通过参考对延期支付下供应链订货文献的研究发现，以往研究大多没有考虑顾客类型和违约风险对延期支付类型以及零售商收益的影响，本书根据以往对延期支付下订货问题的研究，考虑顾客类型和违约风险造成的影响，针对延期支付下的订货问题，以零售商的利润最大为目标，分别构建考虑顾客类型和考虑顾客违约风险的环境下的订货模型，并求解出最优订货策略。

（3）根据求解结果的应用研究分析，有助于解决现实中企业对于延期支付环境下的订货策略选择问题。

根据求解结果，对两级延期支付下考虑顾客类型和顾客违约风险的零售商订货策略进行数值分析，分别给出了零售商在面对两种顾客类型和违约风险时相关参数对订货策略的影响特征。

7.1.2　研究结论

本书的主要结论总结如下：

（1）针对存在两种顾客类型的市场环境，对于两级延期支付下零售商的订货问题，存在使零售商利润最大的最优订货策略。

本书通过数学语言对现实市场情况的描述，以零售商利润最大为目标，建立订货模型，通过对模型的求解，得到在不同情形下的最优订货量和最优补货周期，零售商可以根据实际中的情形，选择具体的订货策略，使其利润最大。并通过应用研究表明了相关参数变化对零售商订货决策的影响。

（2）针对考虑顾客违约风险的市场环境，对于两级延期支付下零售商的订货问题，存在使零售商利润最大的最优订货策略。

零售商在为顾客提供延期付款方式时就要考虑顾客违约的风险概率，通过参考已有相关文献，本书给出风险概率是关于下游延期支付期限的函数，在此基础上，以零售商利润最大为目标构建模型，通过对模型的分析求解，给出不同情形下的最优补货周期和最优下游信用期使其利润最大，并给出了相关参数对零售商订货决策的影响特征，为零售商在实际订货中作为参考。

7.2　主 要 贡 献

本书针对两级延期支付下零售商的订货策略问题，在两种顾客类型同时存在和顾客存在违约风险的两种环境下进行了详细的研究。主要贡献如下：

（1）丰富和完善了零售商订货问题的研究，提出了两级延期支付下考虑顾客类型和顾客违约风险的订货策略问题。

首先，对于已有的关于两级延期支付下订货问题的研究，多是从两级全部延期支付或部分与全部相结合的情形下进行的研究，几乎很少有对两级部分延期支付下的订货问题进行研究；其次，考虑信用良好和信用不良两种顾客类型同时存在的研究并不多，在两级延期支付下考虑顾客类型存在的研究更不多见；再其次，也少有研究两级延期支付下考虑顾客违约风险的问题；最后，本书对两级延期支付下零售商订货问题的分析讨论丰富了该领域的研究，为今后延期支付方式下商家订货问题的深入研究奠定了基础。

（2）给出了两级延期支付下考虑两种顾客类型的零售商订货模型并求解。

本书考虑了两种顾客类型对延期支付方式影响，针对考虑顾客类型的两级延期支付订货问题，以零售商年总利润最大为目标，构建了订货策略模型。确定了零售商在各阶段的订货策略，分析了两种顾客的比例对订货策略的影响。

（3）给出了两级延期支付下考虑顾客违约风险的零售商订货模型并求解。

为了更贴近实际，本书讨论了存在违约风险的市场环境，但为了便于研究，只讨论了一种顾客类型存在的情况。对延期支付下考虑顾客违约风险的订货策略问题进行详细的讨论，通过对所构建模型的求解，得到了零售商在该环境下的最优订货策略。作为存在违约风险订货问题的基础性研究，为后续研究提供有益的参考。

7.3 研究局限

本书对零售商订货问题的研究是在一定假设条件下展开的，受到了一些客观因素的限制，所以本书的研究存在一定的局限，主要体现在以下几个方面：

（1）市场复杂性的局限。现实的市场环境是复杂多样的，例如现实供应链中存在多个零售企业，产品具有多样性，顾客具有更多的选择，其次，顾客的类别也不仅仅分为信用良好和信用不良两种顾客等。若要问题描述以及模型构建完全符合实际的市场环境将会更加复杂。

（2）模型构建的局限。本书在构建模型时，为简化模型将需求等因素假设为固定的常数，可现实中这些因素并不是固定不变的。所以本书对两级延期支付下零售商订货问题的研究是基础性研究，只用于某些特定的市场环境。

（3）顾客违约风险描述的限制。本书对违约风险的数学描述不够完备，仅根据模型需要将违约风险率假设为关于下游延期支付期限的函数，但现实中顾客违约是受多种因素影响的，而非仅仅受延期支付期限的影响。考虑影响违约风险的多个维度，找到合适度量违约风险的方法，会使模型更具有现实意义，更符合实际。

7.4 研究工作展望

本书对考虑顾客类型和顾客违约风险的两级延期支付下的订货问题进行初步的研究与探讨，针对该领域目前的研究现状以及论文写作中遇到的问题，今后的研究工作可以从以下几个方面展开：

（1）问题描述方面。可以更加符合现实情况，考虑多个零售商竞争、不同产品类型和影响收益的其他风险因素等，使问题描述更接近实际，更具有普遍适用性。

（2）模型构建方面。可以考虑补货提前期和允许缺货的情形，补货提前期与缺货的状况都会影响收益，因此在模型中考虑这两种因素，可以进一步完善模型，使研究结果更具说服力。

（3）应用研究方面。可以针对某种特定的产品进行相关研究，例如，易逝品，针对易逝品具有生命周期特点，通过问题描述和模型构建展现出来，进行更有针对性的研究。

参考文献

［1］ Almeida H, Philippon T. The risk-adjusted cost of financial distress ［J］. The Journal of Finance, 2015, 62 (6): 2557 – 2586.

［2］ Ziane Y. An investigation into the determinants of trade credit use by french small and medium enterprises ［J］. Banking & Syndicated Lending View Project, 2011: 1 – 44.

［3］ 张鑫鑫. 基于延期支付的零售商与供应商决策研究 ［D］. 北京: 清华大学, 2012.

［4］ 仇志中. 延期支付环境下考虑变化需求率和利率的 EOQ 模型 ［D］. 合肥: 合肥工业大学, 2013.

［5］ Jaber M Y, Osman I H. Coordinating a two-level supply chain with delay in payments and profit sharing ［J］. Computers & Industrial Engineering, 2006, 50 (4): 385 – 400.

［6］ Kouvelis P, Zhao W. Financing the newsvendor: supplier vs. bank, and the structure of optimal trade credit contracts ［J］. Operations Research, 2012, 60 (3): 566 – 580.

［7］ Berger A N, Udell G F. A more complete conceptual framework for SME finance ［J］. Journal of Banking & Finance, 2006, 30 (11): 2945 – 2966.

［8］ Chen S C, Teng J T. Inventory and credit decisions for time-varying deteriorating items with up-stream and down-stream trade credit financing by discounted cash flow analysis [J]. European Journal of Operational Research, 2015, 243 (2): 566 – 575.

[9] Feng X, Moon I, Ryu K. Supply chain coordination under budget constraints [J]. Computers & Industrial Engineering, 2015, 88 (C): 487 – 500.

[10] 王文利, 骆建文. 交易信用与资金约束下两阶段零售商订货策略 [J]. 系统工程理论与实践, 2014, 34 (2): 304 – 312.

[11] Jaggi C K, Verma M, Kausar A. Customer Based Two Stage Credit Policies In A Supply – Chain [C]. Proceedings of the 2011 International Conference on Industrial Engineering and Operations Management, Kuala Lumpur, Malaysia, 2011: 22 – 24.

[12] 巴塞尔银行监管委员会. 巴塞尔新资本协议 (第三次征求意见稿: 英文) [Z/OL]. 中国银监会网站, 2003 (第一版).

[13] 李明芳. 基于延期支付的零售商库存策略研究 [M]. 北京: 知识产权出版社, 2013.

[14] Gupta D, Wang L. The impact of trade-credit terms on inventory decision [EB/OL]. [2006 – 07 – 10]. http: //www. kellogg. northwestern. edu/ MSOM2005/ papers/Gupta. pdf.

[15] S K. Goyal. Economic order quantity under conditions of permissible delay in payments [J]. Journal of the Operational Research Society, 1985, 36 (4): 335 – 338.

[16] Jamal A M M, Sarker B R, Wang S. An ordering policy for deteriorating items with allowable shortage and permissible delay in payment [J]. Journal of the Operational Research Society, 1997, 48 (8): 826 – 833.

[17] Chen L H, Ouyang L Y. Fuzzy inventory model for deteriorating items with permissible delay in payment [J]. Applied Mathematics & Computation, 2006, 182 (1): 711 – 726.

[18] Thangam A, Uthayakumar R. Optimal pricing and lot-sizing policy for a two-warehouse supply chain system with perishable items under partial trade credit financing [J]. Operational Research, 2010, 10 (2): 133 – 161.

［19］Ouyang L Y, Chang C T, Shum P. The EOQ with defective items and partially permissible delay in payments linked to order quantity derived algebraically ［J］. Central European Journal of Operations Research, 2012, 20（1）: 141－160.

［20］Wang Y, Sun X, Meng F. On the conditional and partial trade credit policy with capital constraints: A Stackelberg model ［J］. Applied Mathematical Modelling, 2015, 40（1）: 1－18.

［21］Vikram V, Tomar A, Shekhar C, et al. A trade credit inventory model with multivariate demand for non-instantaneous decaying products ［J］. Indian Journal of Science & Technology, 2016, 9（15）: 1－6.

［22］Tsao Y C, Lee P L, Chen C H, et al. Sustainable newsvendor models under trade credit ［J］. Journal of Cleaner Production, 2017, 141: 1478－1491.

［23］朱文贵, 朱道立, 徐最. 延迟支付方式下的存货质押融资服务定价模型 ［J］. 系统工程理论与实践, 2007, 27（12）: 1－7.

［24］夏海洋, 黄培清. 允许延期支付条件下考虑营销投入水平的退化性商品库存模型 ［J］. 中国管理科学, 2008, 16（4）: 55－61.

［25］孙悦, 周永务. 延期付款和现金折扣策略下的最优库存模型 ［J］. 合肥工业大学学报（自然科学版）, 2010, 33（5）: 763－769.

［26］李明芳, 王道平, 李锋. 基于现金折扣和延期支付条件下变质产品的补货策略 ［J］. 管理评论, 2011, 23（4）: 122－128.

［27］曾敏刚, 余高辉. 在不确定性需求和延期支付条件下的单周期两级供应链协调研究 ［J］. 统计与决策, 2012（1）: 46－49.

［28］秦娟娟. 时变供需下基于商业信用的零售商最优订货策略 ［J］. 中国管理科学, 2016, 24（3）: 89－98.

［29］周曦娇, 刘诚. 延期支付下的供应链博弈模型 ［J］. 统计与决策, 2018, 34（1）: 59－62.

［30］张鑫, 高淑春. 基于延期支付的易腐产品库存模型 ［J］. 统计与决策, 2017（22）: 175－178.

［31］刚号, 唐小我, 唐利苹, 郭益盈. 延迟支付下供应链的运作机制及协调策略 ［J］. 系统管理学报, 2019, 28（2）: 392－398.

［32］张洁，李明，康凯．碳税规制下部分延期支付策略对供应链网络均衡的影响［J］．企业经济，2019，38（4）：12－19.

［33］赵连霞，张力，程明宝，尤建新，段春艳．变质性产品库存模型研究：延期支付策略或延期交货策略［J］．系统工程理论与实践，2019，39（5）：1117－1127.

［34］Huang Y F. Optimal retailer's ordering policies in the EOQ model under trade credit financing［J］. Journal of the Operational Research Society，2003，54（9）：1011－1015.

［35］Huang Y F，Hsu K H. An EOQ model under retailer partial trade credit policy in supply chain［J］. International Journal of Production Economics，2008，112（2）：655－664.

［36］Wu J，Ouyang L Y，Goyal S K. Optimal credit period and lot size for deteriorating items with expiration dates under two-level trade credit financing［J］. European Journal of Operational Research，2014，237（3）：898－908.

［37］Shah N H. Manufacturer-retailer inventory model for deteriorating items with price-sensitive credit-linked demand under two-level trade credit financing and profit sharing contract［J］. Cogent Engineering，2015，2（1）：1－14.

［38］Aljazzar S M，Jaber M Y，Moussawi－Haidar L. Coordination of a three-level supply chain（supplier-manufacturer-retailer）with permissible delay in payments［J］. Applied Mathematical Modelling，2016，40（21－22）：9594－9614.

［39］Wu J，Al－Khateeb F B，Teng J T. Inventory models for deteriorating items with maximum lifetime under downstream partial trade credits to credit-risk customers by discounted cash-flow analysis［J］. International Journal of Production Economics，2016，171（Part 1）：105－115.

［40］田甜．缺货和延期支付条件下零售商的补货策略研究［D］．长春：吉林大学，2016.

［41］张晓建，戴更新，秦君雪．基于两级信用支付和合作策略的EPQ模型［J］．科学技术与工程，2009，9（11）：3013－3016，3038.

[42] 闵杰, 周永务, 刘耀玺, 等. 时变需求下基于两层次信用支付策略的供应链库存模型 [J]. 系统工程理论与实践, 2011, 31 (2): 262 – 269.

[43] 秦娟娟. 坏账和延期支付策略下采购商最优订货模型 [J]. 运筹与管理, 2012, 21 (3): 8 – 18.

[44] 李佐平, 杨爱峰. 双层延期支付及价格折扣条件下零售商的最优库存策略 [J]. 工业工程, 2012, 15 (1): 76 – 81.

[45] 贾涛, 郑毅, 徐渝, 等. 顾客部分延期付款下两级商业信用易腐品订货策略 [J]. 运筹与管理, 2013 (2): 150 – 158.

[46] 郭金森, 周永务, 钟远光, 李昌文. 基于商业信用和回购契约的供应链最优化策略研究 [J]. 运筹与管理, 2014, 23 (2): 99 – 106.

[47] 杜文意, 艾兴政, 刘晓婧, 等. 基于部分延迟支付期限的易损品经济批量订货模型研究. [J]. 管理工程学报, 2014, 28 (3): 209 – 217.

[48] 王敬云, 马中华. 消费者需求受上下游贸易信用期限影响的供应链决策研究 [J]. 上海管理科学, 2015, 37 (5): 12 – 16.

[49] 赵忠, 王淑云, 李波. 时变需求下基于两级信用支付的易腐品订货模型 [J]. 系统管理学报, 2016, 25 (1): 83 – 89.

[50] 朱俊培, 张桂涛, 孙浩. 两级延期支付下的动态供应链网络均衡 [J]. 物流科技, 2017, 40 (5): 134 – 140.

[51] 孙承志, 田甜. 缺货和顾客部分延期支付条件下零售商的补货策略 [J]. 系统工程, 2017, 35 (3): 101 – 109.

[52] 李磊. 基于延期支付和多货栈的经济订货量及库存策略研究 [D]. 合肥: 合肥工业大学, 2016.

[53] Ward C J. A note on "economic order quantity under conditions of permissible delay in payments" [J]. The Journal of the Operational Research Society, 1987, 38 (1): 83 – 84.

[54] Jaggi C K, Aggarwal S P. Credit financing in economic ordering policies of deteriorating items [J]. International Journal of Production Economics, 1994, 34 (2): 151 – 155.

[55] Jamal A M M, Sarker B R, Wang S. An ordering policy for deteriora-

ting items with allowable shortage and permissible delay in payment ［J］. Journal of the Operational Research Society, 1997, 48 (8): 826 – 833.

［56］ Sarker B R, Jamal A M M, Wang S. Optimal payment time under permissible delay in payment for products with deterioration ［J］. Production Planning & Control, 2000, 11 (4): 380 – 390.

［57］ Chang H J, Hung C H, Dye C Y. A finite time horizon inventory model with deterioration and time-value of money under the conditions of permissible delay in payments ［J］. International Journal of Systems Science, 2002, 33 (2): 141 – 151.

［58］ Salameh M K, Abboud N E, El – Kassar A N, et al. Continuous review inventory model with delay in payments ［J］. International Journal of Production Economics, 2003, 85 (1): 91 – 95.

［59］ Abad P L, Jaggi C K. A joint approach for setting unit price and the length of the credit period for a seller when end demand is price sensitive ［J］. International Journal of Production Economics, 2003, 83 (2): 115 – 122.

［60］ Wee H – M, Yu J C P, Law S T. Two-warehouse inventory model with partial backordering and weibull distribution deterioration under inflation ［J］. Journal of the Chinese Institute of Industrial Engineers, 2005, 22 (6): 451 – 462.

［61］ Dye C Y, Ouyang L Y. An EOQ model for perishable items under stock-dependent selling rate and time-dependent partial backlogging ［J］. European Journal of Operational Research, 2005, 163 (3): 776 – 783.

［62］ 潘义前, 黄海, 周优军. 延期支付条件下允许缺货的变质物品库存模型 ［J］. 经济数学, 2011, 28 (4): 34 – 38.

［63］ 胡劲松, 胡玉梅. 模糊环境下考虑缺货和延期支付的 Stackelberg 均衡策略 ［J］. 管理工程学报, 2011, 25 (2): 87 – 94.

［64］ 王庆龙. 允许缺货和延期支付条件下供应链协调研究 ［J］. 物流科技, 2013, 36 (5): 77 – 79.

［65］ Arcelus F J, Srinivasan G. Delay of payments vs. price discounts for extraordinary purchases: The buyer's perspective [J]. Engineering Costs and Production Economics, 1990, 19 (1): 273 – 279.

[66] Shinn S W, Hwang H, Sung S P. Joint price and lot size determination under conditions of permissible delay in payments and quantity discounts for freight cost [J]. European Journal of Operational Research, 1996, 91 (3): 528 – 542.

[67] Huang Y F, Chung K J. Optimal replenishment and payment policies in the EOQ model under cash discount and trade credit [J]. Asia Pacific Journal of Operational Research, 2003, 20 (2): 177 – 190.

[68] Ouyang L Y, Teng J T, Chen L H. Optimal ordering policy for deteriorating items with partial backlogging under permissible delay in payments [J]. Journal of Global Optimization, 2006, 34 (2): 245 – 271.

[69] Sana S S, Chaudhuri K S. A deterministic EOQ model with delays in payments and price-discount offers [J]. European Journal of Operational Research, 2008, 184 (2): 509 – 533.

[70] 杨桢, 罗兵. 一种价格折扣和延期支付条件下最优支付时间确定 [J]. 中国管理科学, 2008, 16 (S1): 473 – 476.

[71] 周优军, 蒙春, 曹亮, 潘义前. 基于延期支付和价格折扣策略的易变质物品库存模型 [J]. 物流科技, 2010, 33 (4): 15 – 19.

[72] 罗兵, 程进晗, 万世英. 延期支付下部分价格折扣的变质物品订货模型 [J]. 技术经济, 2010, 29 (7): 117 – 119, 126.

[73] 钟远光, 周永务, 郭金森. 基于供应商视角的提前订货协调研究 [J]. 运筹与管理, 2011, 20 (6): 33 – 38.

[74] 刘梦璋, 山敏. 提前购买价格折扣与延期支付条件下零售商订货策略选择 [J]. 企业导报, 2013 (2): 29 – 30.

[75] 王宜举, 孟凡秀. 基于价格折扣的有条件延期支付策略 [J]. 控制与决策, 2014, 29 (8): 1413 – 1418.

[76] 李颖. 含残次品及价格折扣的双层延期支付策略研究 [J]. 滨州学院学报, 2015, 31 (4): 47 – 57.

[77] Shah N H. Probabilistic time-scheduling model for an exponentially de-

caying inventory when delays in payments are permissible [J]. International Journal of Production Economics, 1993, 32 (1): 77 – 82.

[78] Chang C T, Wu S J. A note on "optimal payment time under permissible delay in payment for products with deterioration" [J]. Production Planning & Control, 2003, 14 (5): 478 – 482.

[79] Song X, Cai X. On optimal payment time for a retailer under permitted delay of payment by the wholesaler [J]. International Journal of Production Economics, 2006, 103 (1): 246 – 251.

[80] Soni H N. Optimal replenishment policies for non-instantaneous deteriorating items with price and stock sensitive demand under permissible delay in payment [J]. International Journal of Production Economics, 2013, 146 (1): 259 – 268.

[81] Mishra P J, Singh T, Pattanayak H. An optimal ordering policy for deteriorating items varying with stock dependent demand and time-proportional deterioration under permissible delay in payment [J]. Journal of Information and Optimization Sciences, 2016, 37 (6): 893 – 910.

[82] Sundararajan R, Uthayakumar R. Optimal Pricing And Replenishment Policies For Instantaneous Deteriorating Items With Backlogging And Permissible Delay In Payment Under Inflation [J]. American Journal of Mathematical and Management Sciences, 2018, 37 (4): 307 – 323.

[83] Hwang H, Shinn S W. Retailer's pricing and lot sizing policy for exponentially deteriorating products under the condition of permissible delay in payments [J]. Computers & Operations Research, 1997, 24 (6): 539 – 547.

[84] Chang H J, Hung C H, Dye C Y. An inventory model for deteriorating items with linear trend demand under the condition of permissible delay in payments [J]. Production Planning and Control, 2001, 12 (3): 274 – 282.

[85] Shinn S W, Hwang H. Optimal pricing and ordering policies for retailers under order-size-dependent delay in payments [J]. Computers & Operations Research, 2003, 30 (1): 35 – 50.

［86］Sarkar B. An EOQ model with delay in payments and stock dependent demand in the presence of imperfect production ［J］. Applied Mathematics and Computation，2012，218（17）：8295 – 8308.

［87］Ghoreishi M，Weber G W，Mirzazadeh A. An inventory model for non-instantaneous deteriorating items with partial backlogging，permissible delay in payments，inflation-and selling price-dependent demand and customer returns ［J］. Annals of Operations Research，2015，226（1）：221 – 238.

［88］Rajan R S，Uthayakumar R. EOQ model for time dependent demand and exponentially increasing holding cost under permissible delay in payment with complete backlogging ［J］. International Journal of Applied & Computational Mathematics，2017，3（2）：471 – 487.

［89］Ebrahimi S，Hosseini – Motlagh S M，Nematollahi M. Proposing a delay in payment contract for coordinating a two-echelon periodic review supply chain with stochastic promotional effort dependent demand ［J］. International Journal of Machine Learning and Cybernetics，2019，10（5）：1037 – 1050.

［90］杨爱峰，张羽. 基于部分延期支付和变化需求率的 EOQ 模型 ［J］. 合肥工业大学学报（自然科学版），2011，34（12）：1883 – 1888.

［91］何伟，徐福缘. 货架和仓库商品共同影响需求的供应链延期支付协调 ［J］. 大学数学，2014，30（2）：34 – 42.

［92］梁培培，孙延明. 需求基于瞬时库存的延期支付策略设计 ［J］. 统计与决策，2015（6）：41 – 43.

［93］崔玲，彭凯，胡劲松，Vladimir V. Mazalov. 易腐商品需求同时依赖库存量与延期支付期限的库存策略及模型 ［J］. 系统管理学报，2016，25（6）：1128 – 1135.

［94］黄敏，魏晔纯. 延期支付下考虑时变需求的最优订货策略研究 ［J］. 价值工程，2017，36（20）：65 – 68.

［95］Sarker B R，Jamal A M M，Wang S. Supply chain models for perishable products under inflation and permissible delay in payment ［J］. Computers & Operations Research，2000，27（1）：59 – 75.

［96］Liao H C, Tsai C H, Su C T. An inventory model with deteriorating items under inflation when a delay in payment is permissible ［J］. International Journal of Production Economics, 2000, 63 (2): 207 - 214.

［97］Chang C T. An EOQ model with deteriorating items under inflation when supplier credits linked to order quantity ［J］. International Journal of Production Economics, 2004, 88 (3): 307 - 316.

［98］文晓巍, 达庆利. 一类通货膨胀下变质商品的最优补充决策 ［J］. 系统管理学报, 2005, 14 (6): 527 - 531.

［99］王丽娟, 王红卫, 孙西超. 通货膨胀和延期支付下易腐农产品的库存模型 ［J］. 华中农业大学学报, 2008 (4): 545 - 548.

［100］王丽娟, 侯云先. 通货膨胀和延期支付下生鲜农产品库存控制模型 ［C］. 社会经济发展转型与系统工程——中国系统工程学会第17届学术年会, 中国镇江, 2012, 280 - 288.

［101］陈旭. 面向随机需求的可替代易逝品订货策略 ［J］. 系统管理学报, 2004, 13 (4): 300 - 304.

［102］Huang Y F. Retailer's inventory policy under suppliers partial trade credit policy ［J］. Journal of the Operations Research Society of Japan, 2005, 3 (3): 173 - 182.

［103］Huang Y F. An inventory model under two levels of trade credit and limited storage space derived without derivatives ［J］. Applied Mathematical Modelling, 2006, 30 (5): 418 - 436.

［104］Chung K J, Huang T S. The optimal retailer's ordering policies for deteriorating items with limited storage capacity under trade credit financing ［J］. International Journal of Production Economics, 2007, 106 (1): 127 - 145.

［105］陈六新, 李军. 基于易逝品需求信息更新的零售商订货策略 ［J］. 数学的实践与认识, 2008, 38 (1): 33 - 39.

［106］Jaggi C K, Verma M. Ordering policies under supplier-retailer partial trade credit financing ［J］. Opsearch, 2010, 47 (4): 293 - 310.

［107］王道平, 李明芳. 延期支付条件下基于EOQ模型的零售商补货策

略 [J]. 工业工程，2010，13（4）：8－12.

[108] Kumar A, Kaanodiaya K K, Pachaur R R. Retailer's inventory policy for deteriorating items under partial trade credit policy [J]. International Journal of Industrial Engineering Computations, 2011, 2（3）: 393－409.

[109] 周永圣，王磊，何明珂. 供应商免费送货条件下零售商的订货策略选择研究 [J]. 系统科学与数学，2012，32（3）：288－296.

[110] GhiFeng Yen, KunJen Chung, TaiKo Yang. The optimal retailer's ordering policy under two levels of trade credit with partial payment financing to its customers [J]. Journal of Statistics & Management Systems, 2013, 16（1）: 45－72.

[111] Mo J, Chen G, Fan T, et al. Optimal ordering policies for perishable multi-item under stock-dependent demand and two-level trade credit [J]. Applied Mathematical Modelling, 2014, 38（9－10）: 2522－2532.

[112] 朱传波，季建华，包兴. 供应风险规避下基于 VaR 的零售商订货策略 [J]. 系统管理学报，2014，23（6）：861－866.

[113] Shah N H. Retailer's decision for ordering and credit policies for deteriorating items when a supplier offers order-linked credit period or cash discount [M]. Elsevier Science Inc. , 2015.

[114] Tiwari S, Khanna A, Jaggi C K. Impact of trade credit and inflation on retailer's ordering policies for non-instantaneous deteriorating items in a two-warehouse environment [J]. International Journal of Production Economics, 2016, 176: 154－169.

[115] Shah N H. Retailer's optimal policies for deteriorating items with a fixed lifetime under order linked conditional trade credit [J]. Uncertain Supply Chain Management, 2017（5）: 126－134.

[116] 杜文意. 基于努力因素与外部融资的零售商订货策略研究 [D]. 北京：电子科技大学，2015.

[117] 刘冠美，邵晓峰，于辉. 横向库存转运策略下顾客预付款与订货决策分析 [J]. 系统工程理论与实践，2016，36（10）：2572－2582.

[118] 陈群，韩景倜. 随机订货成本扰动下零售商鲁棒与机会约束订货

策略 ［J］. 统计与决策，2017（1）：43 – 46.

　　［119］赵连霞，张力，程明宝，尤建新，段春艳. 变质性产品库存模型研究：延期支付策略或延期交货策略 ［J］. 系统工程理论与实践，2019，39（5）：1117 – 1127.

　　［120］Huang B，Iravani S M R. A Make-to-Stock System with Multiple Customer Classes and Batch Ordering ［J］. Operations Research，2008，56（5）：1312 – 1320.

　　［121］Jinn – Tsair Teng. Optimal ordering policies for a retailer who offers distinct trade credits to its good and bad credit customers ［J］. International Journal of Production Economics，2009，119（2）：415 – 423.

　　［122］Loannidis S. An inventory and order admission control policy for production systems with two customer classes ［J］. International Journal of Production Economics，2011，131（2）：663 – 673.

　　［123］Loannidis S，Sarantis I. Inventory and order admission control in manufacturing systems with two customer classes and setup times ［C］. Control & Automation. IEEE，2013：754 – 760.

　　［124］毛炯炜. 具有两类顾客的易变质品库存策略研究 ［D］. 成都：西南交通大学，2009.

　　［125］周筠. 多供应商及多类顾客需求下的库存系统研究 ［D］. 北京：清华大学，2010.

　　［126］但斌，丁松. 基于顾客分类的生鲜农产品二次补货策略 ［J］. 中国管理科学，2012，20（6）：87 – 93.

　　［127］姚云飞，郝家芹，张亚东. 二层信用支付下顾客细分的库存模型 ［J］. 应用数学，2013，26（4）：791 – 797.

　　［128］申成霖，张新鑫，侯文华. 需求学习下考虑顾客策略行为的供应链决策 ［J］. 中国管理科学，2015，23（4）：86 – 95.

　　［129］Babich V，Burnetas A N，Ritchken P H. Competition and diversification effects in supply chains with supplier default risk ［J］. Manufacturing & Service Operations Management，2007，9（2）：123 – 146.

［130］Shi X. Simultaneous Determination of Threshold Default Risk Criterion and Credit Term in Two – Staged Supply Chain ［C］. International Conference on Wireless Communications, Networking and Mobile Computing. IEEE, 2008：1 – 4.

［131］周勇，谢尚宇，袁媛. 信用违约风险模型中违约概率的统计推断 ［J］. 系统工程理论与实践, 2008, 28 (8)：206 – 214.

［132］Shi X, Zhang S. An incentive-compatible solution for trade credit term incorporating default risk ［J］. European Journal of Operational Research, 2010, 206 (1)：178 – 196.

［133］Lou K R, Wang W C. Optimal trade credit and order quantity when trade credit impacts on both demand rate and default risk ［J］. Journal of the Operational Research Society, 2013, 64 (10)：1551 – 1556.

［134］Zhang Q, Dong M, Luo J, et al. Supply chain coordination with trade credit and quantity discount incorporating default risk ［J］. International Journal of Production Economics, 2014, 153 (4)：352 – 360.

［135］Zhang B, Wu D D, Liang L. Optimal option ordering and pricing decisions with capital constraint and default risk ［J］. IEEE Systems Journal, 2015, PP (99)：1 – 11.

［136］Mahata G C, De S K. Supply chain inventory model for deteriorating items with maximum lifetime and partial trade credit to credit-risk customers ［J］. International Journal of Management Science and Engineering Management, 2015, 12 (1)：21 – 32.

［137］Giri B C, Sharma S. Optimal ordering policy for an inventory system with linearly increasing demand and allowable shortages under two levels trade credit financing ［J］. Operational Research, 2016, 16 (1)：25 – 50.

［138］Wu C, Zhao Q, Xi M. A retailer-supplier supply chain model with trade credit default risk in a supplier – Stackelberg game ［J］. Computers & Industrial Engineering, 2017, 112：568 – 575.

［139］黄晶，杨文胜. 基于 CVaR 和供应商承诺回购的供应链决策模型 ［J］. 管理学报, 2016 (8)：1250 – 1256.

［140］王明征，周亮，刘伟伟. 考虑违约风险时收益共享 – 贸易信贷契约下多个竞争零售商的供应链协调 ［J］. 运筹与管理，2017，26（4）：1 – 11.

［141］马中华，苏雪玲. 贸易信用下考虑零售商违约风险的供应链协调问题研究 ［J］. 计算机应用研究，2018，35（1）：158 – 161，176.

［142］Long M S，Malitz I B，Ravid S A. Trade credit，quality guarantees，and product marketability ［J］. Financial Management，1993，22（4）：117.

［143］中国注册会计师协会. 财务成本管理 ［M］. 北京：中国财政经济出版社，2011.

［144］Biais B，Gollier C. Trade credit and credit rationing ［J］. Review of Financial Studies，1997，10（4）：903 – 937.

［145］郑鸿. 试析赊销的现金折扣政策及其运用 ［J］. 工业会计，2000（5）：10 – 12.

［146］Peterson M A，Raghuram G R. Trade credit：Theories and evidence ［J］. The Review of Financial Studies，1997，10：661 – 691.

［147］Wilson N，Summers B. Trade credit firms offered by small firms：Survey evidence and empirical analysis ［J］. Journal of Business Finance & Accounting，2002，29：317 – 351.

［148］刘凯. 基于延迟支付的供应链决策研究 ［D］. 天津：天津大学，2014：10 – 15.

［149］赵启兰，刘宏志. 库存管理 ［M］. 北京：高等教育出版社，2005.

［150］Jaggi C K，Goyal S K，Goel S K. Retailer's optimal replenishment decisions with credit-linked demand under permissible delay in payments ［J］. European Journal of Operational Research，2008，190（1）：130 – 135.

［151］Chern M – S，Chan Y – L，Teng J – T，et al. Nash equilibrium solution in a vendor-buyer supply chain model with permissible delay in payments ［J］. Computers & Industrial Engineering，2014，70（1）：116 – 123.

［152］Teng J – T，Lou K – R. Seller's optimal credit period and replenishment time in a supply chain with up-stream and down-stream trade credits ［J］. Journal of Global Optimization，2012，53（3）：417 – 430.

［153］Cambini A，Martein L. Generalized convexity and optimization：Theory and applications ［M］. Springer Science & Business Media，2009.

［154］李娜. 基于交易信用的汽车供应链优化决策研究 ［D］. 上海：东华大学，2017.

［155］彭磊，郑晗. 我国汽车行业供应链金融模式研究 ［J］. 金融与经济，2011（9）：32 - 34.